합리적이며 유연하게
인생의 차이를 만드는 처세의 지혜

센텐스229

합리적이며 유연하게
인생의 차이를 만드는 처세의 지혜

센텐스(sentence) 229

초판 1쇄 인쇄 2022년 4월 8일
초판 1쇄 발행 2022년 4월 15일

지은이 프란체스코 귀차르디니
옮긴이 김대웅
펴낸이 백유창
펴낸곳 도서출판 더 테라스

신고번호 제2016-000191호
주 소 서울 마포구 양화로길 73 6층
Tel. 070-8862-5683
Fax. 02-6442-0423
seumbium@naver.com

ISBN 979-11-958438-9-3 03320

값 11,800원

젊을수록
읽어야 할
바로 이 책

합리적이며 유연하게
인생의 차이를 만드는 처세의 지혜

센텐스 229
sentence

프란체스코 귀차르디니지음
김대웅 옮김

도서
출판 **THE TERRACE**

최초의 마키아벨리주의자 귀차르디니, 인간을 보는 지혜를 공개한다

  프란체스코 귀차르디니(Francesco Guicciardini; 1483-1540)는 우리에게 그리 널리 알려진 인물은 아니지만 마키아벨리(Niccolo Machiavelli, 1469~1527)과 더불어 16세기 초 격동의 르네상스 이탈리아를 대표하는 사상가이자 정치가이며 외교관이자 역사가로 꼽힌다. 오랜 시간 메디치 정권의 핵심 참모로서 권력의 절대성과 덧없음을 소상하게 목격하고 체험한 인물이었다. 그러나 그의 저서들이 세상에 알려지기 시작한 것은 대부분 19세기 중반 이후였기 때문에 그의 이름 또한 뒤늦게 주목받았다.

  1483년 3월 6일 피렌체에서 명문가의 둘째 아들로 태어난 귀차르디니는 피렌체, 파도바, 페라라 등지의 대학에서 법률을 공부한 뒤 변호사로 일했다. 어렸을 때부터 정치적 야망이 만만치 않아 1508년 정계의 거물 알라만노 살비아티의 딸 마리아와 정략 결혼했다. 살비아티는 당시 서기관이던 마키아벨리가 '피렌체 국민군 창설안'을 국회에서 통과시키기 위한 사전 포석으로 자신의 저서 『10년사』를 헌정한 인물이기도 하다. 이것만 보더라도 권위와 권력 그리고 명문가의 인맥을 중시한 현실주의자로서 귀차르디니의 면모를 확인해볼 수 있다.

28세의 나이에 대사로 파견되면서 정계에 화려하게 입문한 귀차르디니는 이후 최고행정관 및 모데나와 레지오 등의 총독 등 요직을 두루 거치는 한편, 견직물업 등 사업에도 수완을 발휘해 엄청난 부를 축적하기도 했다. 또한 이탈리아 공화제 연구의 중요한 사료로 꼽히는 『피렌체사』와 격동과 침략의 시기인 16세기 초 이탈리아의 역사를 다룬 책들 중 가장 주목할 만한 책으로 꼽히는 『이탈리아사』 등의 저서를 통해 '최초의 근대적 역사가'로서 탁월한 분석 능력을 인정받기도 했다. 1540년 5월 21일, 그는 57세를 일기로 파란만장한 삶을 마감했다.

귀차르디니를 이야기할 때 빠지지 않는 인물이 바로 마키아벨리이다. 둘은 14년이라는 나이 차에도 불구하고 정치사상이 서로 비슷해 절친한 관계를 지속했고, 이 때문에 나이가 어린 귀차르디니를 '최초의 마키아벨리주의자'라고 부르기도 한다. 그러나 근본적인 부분에서 둘은 의견을 달리했으며 귀차르디니는 『군주론』과 『담론』에 담긴 마키아벨리의 정치사상에는 동의했으나 다른 주장과 견해에 관해서는 반박을 서슴지 않았다. 예를 들면 그는 오랫동안 교황을 위해 일해왔으나 마키아벨리와 같이 당시의 교회를 비판했다. 하지만 「마키아벨리의 '논의'에 관한 고찰 (Considerazioni intorno ai 'Discorse' del Machiavelli)」(1528년경)에서 로마역사를 과학적인 정치의 한 전형으로 본 마키아벨리의 의견에는 반대했다. 그래서 둘 사이의 지적인 관계는 일방적이라기보다는 동등하거나 서로 영향을 주었다고 보는 게 타당하다.

이 책의 원서인 『Ricordi』는 집필 배경과 내용에 있어 매우 특별하다. 일생에 걸쳐 저자 자신이 세 번이나 고쳐 쓴 이 책은 명실공히 처세의 달인이 세상을 보는 지혜의 비책(祕策)들을 모은 일종의 금언집이다. 여기에는 에스파냐 대사 시절부터 약 18년 동안 지켜본 격동의 유럽 정치정세와 분열된 이탈리아의 현실에서부터 형성된 정치사상이 고스란히 담겨 있는 한편 저자의 인생관과 철학이 압축되어 있다. 이 글이 다른 사람들에게 공개되면 불리하다고 생각한 저자는 오직 자식과 후손들만 읽도록 당부했으며, 따라서 그가 죽은 지 300여 년이 지난 1857년에야 비로소 세상에 처음 공개되었다. 당시 이를 소개한 주세페 카네스트리니(Giuseppe Canestrin)는 'Ricordi politici e civili'(영어로는 Recollection of Politicians and Citizens)라는 제목을 붙여 소개했는데, 나중에는 간단히 'Ricordi'라고 불렸다.

정치와 외교, 그리고 행정에 능했으며 이재에도 밝았던 저자의 실제 경험을 통해 터득한 인간관계, 정치권력, 외교의 미묘한 술수, 처세의 방법, 금전 거래 등 다방면을 아우르는, 다시 말해 '르네상스 시대 혼란스런 이탈리아의 난세를 헤쳐나가는 인간적, 정치적 지혜'가 담긴 이 소책자는 지난 200년간 전 세계 수많은 언어로 번역 소개되는 등 인간이 어떤 기준으로 살아가야 하는지, 원래 제목에도 보이듯이 특히 정치를 하려는 이들의 고전으로 가치를 인정받고 있다. 여기에 소개된 글들은 원서 가운데 중복되는 내용을 빼고 관련 주제별로 다시 묶은 것이다.

2022년 2월 22일
김대웅

이 책을 읽기 전에

나라와 민족마다 언어는 달라도
내용이 같거나 유사한 격언들이 있다.
모두 경험이나 사물에 대한 관찰에서 비롯된
교훈들이기 때문이다.
경험과 관찰의 결과는 어디든 비슷하다.

자주 읽고 깊이 숙고하라.
알거나 이해하는 것은 쉬워도 실천에 옮기는 것은 어렵다.
항상 염두에 두고 상기하다 보면 실행하는 것도
훨씬 쉬워질 것이다.

이 교훈들은 모두 교과서적인 원칙들에 속한다.
개별 사례로 들어가면 여건이 서로 다르기 때문에
그에 맞게 적용해야 한다.
경우에 따라 현명하게 판단하고 받아들이도록 하라.

– 프란체스코 귀차르디니–

CONTENTS

사람들의 환심을
사고 싶다면
튀지 않게 행동하라

너무 늦었다고
생각하는 때가 가장
적절한 때일 수 있다.

사람은 세상사를 보는 눈이 있어야 한다

싫어하는 티를 내지마라

제1장 처세론

한 나라의 멸망은 대부분 통치자의 실정 때문에 일어난다

사람의 마음은 이익의 기대감에 더 쉽게 움직인다

원하는 것을 얻을 기회가 왔을 때 주저하지 말고 손에 넣어라

1

만일 다른 사람을 비난하거나 모욕적인 말을 해야 한다면, 당사자 한 사람만 화나게 하라. 그 사람의 국가나 가족이나 친척까지 욕해서 여러 사람을 화나게 만드는 것만큼 어리석은 짓은 없다.

2

소문이 매우 그럴듯하거나 기대했던 내용일수록 그 진위를 의심해봐라. 그럴듯한 이야기는 누구나 믿고 싶어하기 때문에 오히려 그것을 꾸며내기가 쉽다. 반면에 너무 엉뚱하거나 기대 밖의 소식이라면 조작의 가능성은 줄어든다. 그래서 나는 신뢰하기 어려운 사람에게서 예상했던 뉴스를 들으면 예상치 못했던 뉴스를 들을 때보다 믿기를 주저한다.

3

누군가 도움을 청해오면 도와줄 수 없는 경우라도 대놓고 거절하지 마라. 도움을 청해놓고 나중에 그 도움이 필요 없게 될 수도 있다. 그러니 완곡하게 돌려서 거절하거나 가능한 한 확실한 약속은 피하면서도 상대를 격려하는 우회적인 말을 해주는 선에서 그치도록 하라. 교묘한 대답은 상대방에게 만족감이나 위안을 줄 수 있지만, 대놓고 거절하면 이유나 결과에 상관없이 미움을 사게 될 것이다.

4

명성 대신 남들의 호의를 얻기 위해 더 애쓰는 일이 없도록 하라. 명성을 잃으면 호의도 잃고 무시까지 당하게 된다. 그러나 명성을 지키면 친구와 친절과 호의 그 모든 것을 잃지 않을 수 있다.

5

남들에게 선량한 사람으로 보이면 그 자체로 득이 될 때가 많으니 그렇게 보일 수 있는 모든 것을 하라. 다만 근거 없는 여론은 오래 가지 못하므로, 실제로 선량하지 않다면 그리 오래 인정받기는 어려울 것이다. 그러니 선량한 인상을 심어주고 싶다면 먼저 선량한 인간이 되도록 노력해야 한다.

6

상대가 싫어도 싫어하는 티를 내지 마라. 언젠가 그 사람의 도움이 필요한 때가 올 수도 있다. 나의 경우 내가 몹시 싫어하는 사람들에게 도움을 청했을 때 그 사람들은 내가 자기를 좋아하는 줄 알거나 또는 내가 싫어한다는 사실을 모른 채 서슴없이 나를 도와주었다.

7

남을 험담하는 것은 백해무익한 일이다. 불가피한 경우가 아니라면 상대가 그 자리에 있든 없든 상관없이 그에 대해 나쁘게 말하지 마라. 아무런 이유 없이 적을 만드는 것만큼 경솔한 행동은 없다.

8

공화국, 과두체제, 군주제 등 어떤 형태의 나라에 살든 당신이 계획한 모든 것을 이루기란 불가능하다는 사실을 명심하라. 그러니 계획 중 하나가 좌절되었다고 해서 크게 분노하거나 반란 음모를 꾸며서는 안 된다. 적어도 현 상태에서 아직 얻을 것이 남아 있다면 말이다. 만약 반란을 꾀한다면 자신뿐 아니라 도시 전체를 혼란에 빠뜨릴 것이며 결국 자신의 처지가 더 나빠져 있는 것만 확인하게 될 것이다.

9

　군주가 대사를 파견할 때 상대 군주에게 자신의 거짓말을 믿게끔 만들려면 먼저 대사부터 속여야 한다. 거짓 의도임을 전혀 모르고 자기가 군주의 생각을 철저히 대변한다고 믿을 때 그의 말과 행동은 훨씬 설득력을 지닐 것이다. 이는 대리인을 내세우는 개인의 경우도 마찬가지이다.

　협상을 위해 대사를 파견하는 군주의 유형은 크게 두 가지이다. 협상의 목표뿐 아니라 이면의 은밀한 의도까지 대사에게 말해주는 군주가 있는 반면에 어떤 군주는 상대 군주가 믿을 만한 정보만 대사에게 알려주는 편이 낫다고 여긴다. 상대를 확실히 속이려면 먼저 자신이 파견한 대사부터 속여야 한다고 생각하는 것이다.

　둘 다 나름대로 일리가 있다. 우선 군주의 의도가 상대 군주를 속이는 데 있다는 것을 대사가 알게 되면 그는 아무래도 효과적으로 말하거나 행동하기 힘들 것이다. 더구나 자기 군주에게 악의를 품고 있는 경우라면 군주의 의도를 폭로할 우려도 있다.

　한편 군주의 거짓 의도를 곧이곧대로 믿는 대사는 상대에게 필요 이상으로 강경해지기 쉽다. 자신이 섬기는 군주가 그것을 정말 이루고 싶어한다고 믿기 때문이다. 만약 진짜 속셈을 알았더라면 그는 협상에서 좀더 융통성 있고 우회적인 수단을 택했을 것이다.

만일 대사가 현명하고 충직하며 재산도 넉넉해 다른 사람에게 의지할 필요가 없는 사람일 때는 그에게 진짜 속셈을 일러두는 것이 좋다. 하지만 그런 사람인지 확신할 수 없다면 진짜 속셈은 드러내지 말고 대사 스스로 주어진 정보를 가지고 상대를 설득하도록 내버려두는 것이 더 안전하다.

10

복수를 당하는 쪽에서 누가 자기를 해치는지 모르게 하는 복수는 대개 증오나 원한에서 비롯된 것이다. 이보다는 공개적으로 복수해 만천하에 알리는 편이 정직하고 유익하다. 그렇게 하면 증오나 복수심에서가 아니라 명예를 위해 그런 조치를 취했다는 말을 들을 수 있다. 게다가 모욕을 당하고도 가만히 있을 사람이 절대 아니라는 점을 주위에 각인시키게 될 것이다.

11

당신이 누군가를 화나게 했다면 앞으로는 그를 신뢰하거나 의지하지 마라. 또한 아무리 그에게 이익과 명예가 돌아가는 사업이라 해도 그와 함께 하지 않는 것이 좋다. 그는 자신이 받은 모욕을 생생히 기억해 언젠가는 그 어떤 손해를 감수하고라도 반드시 복수하려 들 것이다.

12

같은 말을 되풀이하지 마라. 어떤 말이든 자꾸 반복하면 다른 사람을 불쾌하게 만들기에, 엉뚱한 방식으로 큰 손해를 볼 수도 있다. 지혜로운 사람들조차 이를 조절하지 못해 실수를 저지르게 된다. 피하기 어려운 실수일수록 그것을 조심한 사람에게 주어지는 대가는 더 큰 법이다.

13

상대방의 세력이 너무 강해서 스스로는 도저히 그에게 복수할 가망이 없다면, 그런 사람에게 화를 내는 것은 어리석은 짓이다. 그가 모욕을 준다고 해도 그저 씩 웃으며 참아라.

14

비밀이 새어 나가면 온갖 피해를 입게 되는데, 그중 가장 치명적인 것은 비밀을 아는 사람의 노예가 된다는 사실이다. 가끔 쾌감에 젖거나 화풀이 삼아 털어놓으면 그 순간은 속이야 시원해지겠지만 결국엔 해가 되어 부메랑처럼 되돌아온다.

15

비밀로 묻어두고 싶은 것이 있다면 그 누구에게도 발설하지 마라. 사람들은 온갖 이유로 비밀을 떠벌리고 싶어한다. 어떤 사람은 어리석음 때문에, 어떤 사람은 이익을 위해서, 또 어떤 사람은 아는 것이 많음을 자랑하고 싶은 허영심에서 비밀을 누설한다. 자신에게 아무리 중대한 비밀일지라도 남들 입장에서는 그리 대수롭지 않은 것이다.

16

　남들에게 알리기 싫은 일이나 이미 저지른 일을 감추고자 할 때는 그것이 곧 드러나게 될지라도 일단 정면으로 부정하라. 강하게 부인한다고 해서 불리한 증거를 뒤집거나 불신하는 사람들을 설득할 수는 없다. 그러나 최소한 사람들에게 그 말이 옳을지도 모른다는 의구심을 불러일으킬 수는 있다. 반면에 남들이 믿어주길 원하는 일에 대해서는 같은 이유로 언제나 시인하라.

17

누구나 솔직하고 진실한 성품을 좋아하고 칭찬한다. 솔직함은 참으로 고귀한 것이지만 자신보다는 상대에게 더 유리한 측면이 있다. 반면에 속임수는 사람들이 싫어하고 미워하지만 때로 유익하고 필요하기도 하다. 그러니 어느 한쪽을 버리지 않은 상태에서 다른 한쪽을 취하도록 하라. 평상시에는 진실하고 솔직한 모습으로 성실한 사람이라는 평판을 얻고, 드물게 찾아오는 중요한 순간에는 적절한 속임수를 이용하는 것이다. 평소의 명성 덕분에 사람들은 더 쉽게 믿을 것이고 그 효력 또한 훨씬 커질 것이다. 이런 까닭에 나는 언제나 속임수로 살아가는 사람은 인정할 수 없지만, 가끔 속임수를 사용하는 사람들은 눈감아줄 수 있다.

18

비밀은 아무리 가까운 친구에게라도 털어놓지 않는 것이 현명하다. 그러나 비밀이 있음을 상대가 알아차리게 되면 그는 무시당했다고 분노하며 똑같은 식으로 대할 것이다. 다른 사람이 나를 신뢰하게 만드는 유일한 방법은 그가 나에게 신뢰받고 있다고 생각하게 만드는 것이다. 상대에게 비밀을 전혀 알려주지 않는다면 나도 그로부터 비밀을 알아낼 기회를 완전히 놓치게 된다.

19

시치미 떼는 것이나 속임수로 이미 정평이 나 있다 해도 누군가는 또 그의 거짓말을 믿어주게 마련이다. 이는 사람들의 탐욕과 어리석음에서 비롯된 것이다. 탐욕스러운 사람은 그의 말이 사실이기를 바라면서 쉽게 믿고 어리석은 사람은 일이 어떻게 돌아가고 있는지 전혀 몰라서 속는다.

20

　현명한 사람보다 바보가 더 큰 일을 해내는 경우가 많다. 왜냐하면 현명한 사람은 전적으로 이성에만 의지하고 행운에는 기대지 않기 때문이다. 반면에 바보는 그와 정반대로 하는데, 결과적으로 행운이 엄청난 성공을 가져오는 경우가 적지 않다. 포위 상태에 놓인 피렌체의 저항을 통해서도 "행운은 용감한 사람을 돕는다(Fortes fortuna adiuvat)."라는 속담이 다시 한번 입증되었다. 현명한 사람들은 진작에 굴복했겠지만, 이성적 판단을 전적으로 무시한 바보들은 결국 불가능해 보이던 일을 가능하게 만들 수 있다.

21

　같은 기회가 두 번쯤 주어져야 그것을 진짜 행운이라 부를 수 있다. 왜냐하면 현명한 사람이라도 처음엔 기회를 놓치거나 잘못 이용하는 경우가 많기 때문이다. 반면에 기회가 두 번식이나 찾아오는 행운을 만나고도 그것을 놓친다면 그는 바보임에 틀림없다.

22

악의를 품고 나를 해치려 드는 것과 무지 때문에 해치려고 하는 것에는 어떤 차이가 있을까. 무지로 인한 것일 때가 훨씬 더 위험하다. 악의는 적어도 확실한 목적이 있고 나름대로의 규칙에 따라 적용하며 항상 원래의 의도만큼 피해를 주지는 않는다. 그러나 무지는 목적도 규칙도 기준도 없기 때문에 미친 듯이 날뛰고 맹목적으로 달려든다.

23

다른 사람의 선의와 호의에 의지해서 자신의 안전을 도모하려는 생각은 버려라. 누군가 의심스러울 때 그로부터 자신의 안전을 가장 확실하게 지키는 방법은 설령 그가 당신을 해칠 마음이 있다 해도 해칠 수가 없도록 미리 조치를 취하는 것이다. 상대의 말과 약속, 그의 친구들이 한 말이나 그 어떤 보장에 대해서도 최대한 안전조치를 해두어라. 사람의 인격이란 진실한 것이 못 되며 비열하고 항상변하기 마련이라는 점을 잊지 마라.

24

엄청난 불행이나 큰 성공은 의외로 정말 사소한 어떤 일을 하거나 하지 않아서 생기는 경우가 많다. 그러니 아무리 사소해 보이는 것이라도 항상 살피고 신중하게 판단하라.

25

새로운 사업에 뛰어들기 전에 최대한 조심하고 살펴라. 시작한 그 순간부터는 어려움의 연속이다. 아마 이를 조금이라도 미리 알 수 있었다면 그 일에 손을 대기는커녕 멀리 달아나버렸겠지만, 착수한 다음에는 뒤로 물러설 수도 없다. 개인 간의 싸움이나 당파 간의 대결 그리고 전쟁에서도 이러한 상황은 자주 일어난다. 사전에 아무리 깊이 심사숙고하거나 조심한다 해도 결코 지나치지 않음을 명심하라.

26

남을 해치지도 않고 남에게 피해를 입지도 않으면서 살아갈 수만 있다면 참 운이 좋은 것이다. 하지만 남을 해치지 않고는 내가 당하게 될 상황이라면 그때는 차라리 선수를 치는 것이 낫다. 피해를 입지 않기 위해 하는 행동은 피해를 입은 뒤에 하는 행동과 마찬가지로 모두 정당하다. 물론 그러기 위해서는 주의 깊게 살피고 구분해야 한다. 근거 없는 두려움 때문에 일을 벌인 뒤 어쩔 수 없이 그랬던 것처럼 위장해서는 안 된다. 상대를 의심할 이유가 없는데도 자신이 먼저 휘두른 폭력을 정당화하기 위해 그러는 것은 사악한 것이며 탐욕스러운 것이다.

27

　결정을 내리는 데 시간이 오래 걸리는 사람들을 비난해
서는 안 된다. 물론 신속한 결정이 필요한 경우도 있으나
일반적으로 신속하게 결정하는 사람이 더 많은 실수를 저
지른다.

　결정을 내린 뒤 그것을 실행하는 데 시간을 끄는 사람이
야말로 신랄한 비판을 받아야 한다. 이때의 지체는 언제나
해가 되며, 요행이 따라주지 않는 한 결코 좋은 결과를 얻
을 수 없다. 게으름 때문에 또는 귀찮은 일을 피하려고 많
은 사람들이 잘못을 저지르고 있다.

흥정을 할 때는 자신이 이루고 싶은 최종 목표를 처음부터 상대방에게 드러내지 않아야 한다. 오히려 전혀 관계없는 것을 원하는 듯 딴청을 부리다가 목표를 향해 마지못해 조금씩 끌려가는 것처럼 보이도록 하라. 이런 식으로 흥정하면 처음에 원했던 것보다 더 많은 것을 얻을 수 있다. 물론 나는 무슨 일이든 서두르지 않는데다 남과 흥정하는 일을 질색하는 편이라 나와 흥정하는 사람들은 모두 일을 편하게 처리할 수 있었다. 그러나 나처럼 뭐든 호락호락 넘어가면 합의에 필요한 최소 조건 외에는 절대로 얻지 못한다.

29

　중대한 사업에 관련되었거나 권력을 잡으려 할 때에는 되도록 자신의 실패는 감추고 성공은 과장하라. 운명은 사실관계보다 다른 사람들의 의견에 좌우되는 경우가 더 많기 때문에, 모든 일이 순조롭게 진행되고 있다는 믿음을 주는 것은 매우 효과적인 방법이다. 반대로 잘 안 풀린다는 소문이 퍼지면 크나큰 피해를 입게 된다.

30

　갈등을 일으키는 양자간에 화해를 중재하고 싶을 때는 오히려 직접 개입하지 말고 서로 오랜 시간 철저히 논쟁을 벌이도록 그냥 놔두는 것이 더 낫다. 그러다가 양쪽 모두 지치고 나면 결국 내게 중재를 요청하게 된다. 그들의 요청을 받아 나선 뒤에는 처음에 도저히 불가능해 보였던 합일점을 어렵지 않게 찾아낼 수 있다. 명성도 유지하고 나 자신의 의도를 조금도 드러내지 않으면서 말이다.

31

공적인 일이든 사적인 일이든 성공은 그 일을 어떤 식으로 다루는가에 달려 있다.

32

해결하기 매우 어렵거나 이해관계가 대립되는 문제들을 여러 사람과 상의해야 한다면, 되도록 문제를 성격에 따라 여러 항목으로 나누어 다루는 것이 좋다. 이때 첫 번째 항목이 해결되기 전까지는 두 번째 항목에 관한 언급을 삼가라. 그렇게 하면 앞서 반대했던 사람이 다른 항목에 대해서는 반대하지 않을 수 있다. 반면에 복잡한 문제를 한데 묶어 다룬다면 일부에 대해 불만인 사람도 결국 그 문제 전체를 반대할 수밖에 없다. 쓴 약은 단숨에 삼키게 하지 말고 조금씩 여러 모금으로 나누어 마시게 하라. 국정뿐 아니라 개인적인 일을 원만하게 처리하는 데도 똑같이 해당되는 이야기이다.

개인간의 재산분쟁에서는 이미 그 재산을 차지하고 있는 쪽이 유리하게 되어 있다. 이는 법적 권리로부터 영향을 받지 않거나 재산의 소유권을 결정하는 소송절차가 확립되어 이미 잘 알려져 있는 경우라 해도 마찬가지이다. 더욱이 그 문제가 국가의 정책이나 통치자의 의지에 달려 있는 경우에는 재산을 차지하고 있는 쪽이 비교할 수 없을 만큼 유리해진다. 논리적 원칙이나 이미 정해진 결정을 상대로 싸울 필요도 없이, 그저 자신의 재산을 빼앗으려는 누군가를 상대로 벌어지는 수천 가지 사태들을 쉽게 이용할 수 있게 된다.

34

유쾌하고 화기애애한 분위기에서 다른 사람들과 대화하거나 토론하는 것을 말릴 생각은 없다. 그러나 불가피한 경우가 아니라면 자신의 사적인 문제에 관해서는 이야기를 꺼내지 않는 것이 현명하다. 설령 하게 된다 해도 필요 이상 많이 하지는 마라. 필요 이상으로 떠벌리면 당장은 재미있을지 몰라도 결과적으로 득보다 실이 많게 된다.

35

한 지역의 방어를 책임진 사람에게 무엇보다 우선시되어야 하는 목표는 최대한 오래 버티는 것이다. 속담에서도 말하듯이, 시간은 목숨도 구해주기 때문이다. 시간을 벌면 처음엔 몰랐거나 기대할 수 없었던 좋은 기회를 만날 수도 있다.

36

포위된 상황에서 도움을 기다리는 사람은 누구나 자신의 절박한 상황을 과장해서 외칠 것이다. 그러나 도움을 기다리지 않는 사람은 오히려 자신의 상황을 숨기고 대외적으로 축소하려 들 것이다. 적을 지치게 해 승리에 대한 희망을 포기하게 만드는 것 외에는 다른 방도가 없기 때문이다.

37

공격을 감행하는 지휘관은 적이 고안해낼 방어수단을 모두 예측하고 있다고 생각해서는 안 된다. 물론 지휘관이 유능하다면 적이 사용할 일반적인 방어수단을 짐작하는 데는 어렵지 않다. 그러나 공격을 받는 입장에서는 벼랑 끝에 몰린 절박한 심정으로 아무도 생각지 못한 방법을 찾아낼 수도 있다. 누구든 그 자리에 처해보지 않고는 결코 생각할 수 없는 것들이다.

38

"아무리 악마라 해도 생각처럼 그리 추하지는 않다."는 속담도 있듯이, 엄청난 위험이 임박했다 해도 겁에 질려 있어서는 안 된다. 악재가 예고되던 상황에서도 해결책이나 위험을 감소시키는 방안을 찾아낼 수 있다. 또한 우연한 계기로 위험이 해소되는 경우도 많다. 이는 일국의 통치뿐 아니라 개인의 일상생활에도 항상 적용되는 사실이다.

39

사람들에게 자신이 대단한 세력가라는 믿음을 주는 것은 정말 믿기 어려울 만큼 유익한 결과를 가져다준다. 일단 명성을 얻고 나면 사람들은 당신의 호감을 사기 위해 몰려들 것이다. 물론 당신은 아무것도 증명해 보일 필요가 없다.

40

　모든 사람이 원하는 일이 실현되는 경우는 매우 드물다고 언젠가 페스카라(Pescara)의 백작이 내게 말한 적이 있다. 그의 말이 사실이라면 그것은 대체로 극소수의 사람들이 세상을 움직이기 때문일 것이다. 그들의 목적이란 거의 언제나 대다수 사람들이 원하는 바와 배치되기 때문이다.

　페스카라의 백작은 페란테 프란체스코 다발로스(Fernando Francesco d'Ávalos)를 말한다. 메디치 가문의 줄리오 데 메디치가 교황이 되었을 때 다발로스는 온 세상이 원하던 일이 실현되는 것을 직접 본 것은 오로지 그때뿐이었다고 말하기도 했다. 당시 청년 미켈란젤로는 그의 부인 비토리아 콜론나(Vittoria Colonna; 1490-1547)과 친교를 맺기도 했다. 그녀는 1509년 중매로 결혼했으나 후작은 1525년에 '파비아 전투' 당시에 입은 상처 후유증으로 사망했고 비토리아는 35살에 과부가 되고 말았다.

41

인간의 모든 결정과 행동에 대해서는 그와 반대되는 이유나 명분이 항상 있기 마련이다. 결점 없는 완벽한 것은 하나도 없다. 선한 측면이 전혀 없는 철저한 악도 없고, 악한 측면이 전혀 없는 완전한 선도 없다. 그래서 많은 사람들이 사소한 결점에 마음이 흔들려 결국 아무런 행동도 취하지 않게 되는데, 그것은 좋은 방법이 아니다. 오히려 양쪽의 불리한 면을 검토한 뒤, 덜 불리한 쪽으로 결정을 내려야 한다. 어떤 선택이든 모든 면에서 분명하고 완전한 것은 하나도 없다는 점을 명심하라.

42

미래의 결과가 불을 보듯 뻔하게 보일지라도 그 사실에 전적으로 의존하지는 마라. 사태가 예상과 반대로 전개될 경우를 위한 대안도 항상 마련해두어야 한다. 세상에는 사람들의 예측에서 크게 벗어나는 일이 비일비재하다.

43

미래는 언제나 불확실하며 결과는 예상을 빗나가기 마련이다. 그렇다고 짐승처럼 모든 것을 운명에 내맡겨서는 안 되며 늘 이성의 판단에 따라야 한다. 잘못된 충고를 받아들여 좋은 결과를 얻는 것보다 결과가 나쁘더라도 올바른 판단에 따라 행동하는 것이 더 큰 만족을 준다.

44

모든 것을 자신의 능력 덕분이라 여기며 행운을 무시하는 사람들이 있다. 그러나 적어도 자신의 능력이나 자질이 높은 평가를 받는 시대에 태어난 것 자체가 큰 행운이라는 사실만은 인정해야 할 것이다. 같은 능력이 시대에 따라 높이 평가되기도 하고 무시되기도 하며, 같은 행동이 때에 따라 유쾌하게 받아들여지기도 하고 불쾌하게 여겨지기도 한다는 사실을 우리는 경험으로 알고 있다.

45

문서가 처음부터 허위로 작성되는 경우는 매우 드물며, 상황이나 필요에 따라 나중에 위조되기 마련이다. 그러나 자신의 안전을 지키기 위해서는 문서가 작성된 즉시 원본과 똑같은 사본을 만들고 원본을 자기 집에 보관하는 습관을 길러라.

46

명예를 소중하게 지키는 것보다 더 좋은 일은 없다. 명예를 중요시하면 고된 노력이나 위험이나 돈 따위를 대수롭지 않게 여기게 되어 결과적으로 모든 일에서 성공을 거둘 것이다. 이는 나 자신이 실제로 경험한 결과다.

교황 클레멘스 7세(Clement Ⅶ)는 아주 작은 위험에도 잔뜩 겁을 먹곤 했다. 나는 그에게 공포에서 벗어나는 가장 좋은 방법은 그동안 비슷한 상황에서 얼마나 자주 쓸데없는 공포심에 휩싸였는지를 회상해보는 것이라고 조언한 적이 있다. 절대 두려움을 갖지 말라는 게 아니라, 항상 겁에 질려 있을 필요는 없다는 뜻에서 한 말이다.

클레멘스 7세의 본명은 줄리오 데 메디치(Giulio de Medici). 태어나기 직전 암살당한 줄리아노(Giuliano de deMedici)의 서자인데, 삼촌 로렌초(Lorenzo de Medici)의 손에서 자랐다. 그는 기민했으나 겁이 많고 망설임이 심한 교황이었다.

48

　이론과 실천은 너무나 다르다. 사람들은 대개 이론은 잘 이해하지만, 그것을 제대로 기억하지 못할뿐더러 실천하는 방법도 모른다. 그런 지식은 아무런 쓸모가 없다. 마치 궤짝에 보물을 잔뜩 넣어두고도 그 보물을 한 번도 꺼낼 수 없는 것과 마찬가지이다.

49

　한 도시나 정권, 제국의 몰락이 진행될 때, 그것이 결말에 이르는 시간을 속단하지 마라. 그런 현상들은 언제나 생각보다 훨씬 느리게 전개된다. 이런 경우 판단을 잘못해 낭패 보는 사람들이 많으니 각별히 조심하라.

50

선행의 결실은 항상 눈에 보이는 것이 아니다. 그러다 보니 선행 자체로 만족하지 못하고 시간 낭비라고 여겨 아예 기피하는 경우가 많은데 이는 잘못된 생각이다. 선행은 적어도 그 사람의 명성과 호의적인 평가가 널리 퍼지게끔 해준다. 그리고 이는 다양한 경우와 다양한 방식으로 매우 유용하게 돌아온다.

51

법을 어겼다면 감옥으로 끌려가기 전에 관련된 모든 세부 사항을 주의 깊게 살펴보라. 아무리 유죄를 증명하기 어려운 사건이라 할지라도, 유죄를 입증하기 위해 애쓰는 부지런한 판사가 얼마나 많은 자료들을 만들어낼 수 있는지는 참으로 믿기 어려울 정도이다. 작은 꼬투리만 있어도 사건의 모든 것을 밝히기에 충분하다.

52

　사람들은 혜택받았던 기억보다 피해 본 기억을 더 오래 간직한다. 혜택은 실제보다 축소해서 생각하거나 자신이 더 많은 혜택을 받을 만했다고 여기지만, 피해는 그와 정반대이다. 조금만 피해를 보아도 항상 더 크게 과장해서 받아들인다. 그러니 꼭 필요한 상황이 아니라면 한 사람의 호의와 다른 사람의 반감을 동시에 사게 될 일은 하지 않도록 조심하라.

53

　범죄나 불의를 저지르지 않았다고 해서 그것이 곧 선행이 될 수는 없다. 그러니 이러저러한 행동이나 말을 하지 않았다고 그것을 내세우지 마라. 진정한 가치는 어떤 행동이나 말을 함으로써 발휘되는 경우가 대부분이다. 해서는 안 되는 일을 하는 사람과 마찬가지로 반드시 해야 하는 일을 하지 않은 사람도 칭찬받을 수 없다.

54

과거는 미래를 비춰주는 등불이다. 현재와 미래의 일은 과거에도 있었다. 다만 이름과 양상이 달라졌을 뿐 바로 이 점 때문에 사람들은 좀처럼 그것을 알아보지 못하며 어떤 판단을 내리고 어떤 노선을 취할지 혼란스러워한다. 오로지 지혜로운 사람, 사물을 유심히 관찰하고 사려 깊은 사람만이 이를 간파한다.

사람이 알아두어야 할
재물의 속성

싫어하는 티를
내지마라

제2장 **재물론**

한 나라의 멸망은
대부분 통치자의 실정
때문에 일어난다

사람의 마음은
이익의 기대감에
더 쉽게 움직인다

원하는 것을 얻을
기회가 왔을 때 주저하지
말고 손에 넣어라

55

이미 써버린 금화 열 냥보다 내 주머니에 남아 있는 금화 한 냥이 더 소중하다.

56

들어올 돈을 미리 생각해서 돈을 쓰지 마라. 끝내 돈이 들어오지 않는 일이 허다하고, 들어온다 해도 기대보다 적은 법이다. 반면에 나가는 비용은 언제나 늘어나게 마련이다. 사업도 마찬가지다. 막대한 이익을 기대하며 어음을 발행하지만 이익이 아예 발생하지 않거나 예상보다 오래 걸리는 경우가 많다. 어음이란 일정한 기간이 지나면 반드시 이자와 함께 결제해야 한다. 그러다 보니 막대한 이익을 기대했던 사업이 오히려 파산을 불러오는 것이다.

57

어차피 비용은 발생한다. 현명한 경영은 지출을 피하는 것이 아니라 돈을 잘 쓰는 방법을 터득하는 데 있다. 100원을 써서 200원을 벌어야 한다.

58

사업을 계속하고 싶다면 사소한 거래 하나도 놓치지 마라. 거래가 거래를 낳는다. 일을 적극적으로 추진하면서 명성도 얻게 되므로 그다음부터는 새로 거래를 하고자 애써 돌아다닐 필요도 없게 된다. 소홀히 여겨 거래를 놓치고 나면, 나중에 그것을 원할 때 얻기는 더욱 힘들어진다.

59

사람들은 누가 돈을 물 쓰듯 하면서 후하게 베풀면 앞에서는 그를 칭찬한다. 그러나 정작 자신들의 생활에서는 그런 식으로 돈을 쓰지 않는다.

60

"부당하게 모은 재산 3대(代)를 못 간다."는 속담이 있다. 막대한 재산을 모은 사람은 그 재산에 한층 더 집착하게 마련이다. 그는 재산 모으는 방법을 알고 있기 때문에 그것을 지키는 방법도 알고 있다. 검소하게 살아가는 습관이 몸에 배어 있기 때문에 함부로 탕진하지도 않는다. 그러나 그에 별로 집착할 일도 없으며, 자랄 때부터 부유했으니 재산 모으는 방법을 따로 배우지도 못했다. 그러니 그들이 재산을 탕진하게 된다 해도 이상할 게 없는 셈이다.

61

명성을 얻고자 한다면 재산도 많이 모아야 한다. 가난할 때는 아무도 거들떠보지 않고 사람들에게 알려지지 않던 재능과 장점들이 큰 재산을 모으고 나면 눈부시게 빛나기 시작하고 사람들이 그것을 우러러보기 때문이다.

62

지금 돈을 잘 번다고 해서 그만큼 지출하고 있다면 이는 매우 어리석은 짓이다. 돈을 벌 수 있는 기간은 영원히 지속되지 않는다. 나중에 다시 가난해지고 나면 그때는 돈뿐 아니라 시간과 명예마저 모두 잃게 된다.

63

명예나 명성은 분명 재물보다 값지다. 그러나 요즘은 재산이 없으면 명성을 얻거나 유지하기도 매우 어려워졌다. 그러므로 충분히 덕망 있는 사람도 명성을 얻거나 유지할 수 있을 정도의 재산은 가지고 있어야 한다.

64

산업과 무역은 많은 사람이 그 수익의 규모를 인식하기 전에 이미 최고조에 달한다. 일단 정점에 이르면 쇠락하기 시작하는데, 극심한 경쟁으로 이익이 줄어들기 때문이다. 대처 방법은 단 한 가지이다. 매사에 남보다 먼저 시작하는 것이다.

사람을 이해해야
이치를 안다

싫어하는 티를
내지마라

제3장 **인간론**

한 나라의 멸망은
대부분 통치자의 실정
때문에 일어난다

사람의 마음은
이익의 기대감에
더 쉽게 움직인다

원하는 것을 얻을
기회가 왔을 때 주저하지
말고 손에 넣어라

65

인간은 누구나 아첨이나 칭찬, 감언이설에 쉽게 속아 넘어간다. 그렇게 잘 속는 데는 이유가 있다. 누구나 자신이 높게 평가받을 만하다고 생각하기 때문이다. 그래서 급기야 자신이 기대하는 만큼 다른 사람들이 존경해주지 않으면 버럭 화를 내기도 한다.

66

사람은 저마다 기질이 다르다. 어떤 사람은 지나치게 많은 기대를 품는 버릇이 있어 자기 손에 들어오지 않은 것까지 모두 자기 것으로 여긴다. 반면에 어떤 사람은 매사에 지나치게 걱정이 많아 현재 자기가 가지고 있는 것조차 정말 자기 것인지 설마 한다. 이런 사람들은 남에게 쉽사리 속지는 않겠지만 남보다 더 큰 번민 속에서 살아가야 한다.

67

처신을 잘한다는 것, 그것은 다름이 아니라 항상 자신의
이익을 염두에 두면서 그 이익을 위해 모든 행동을 잘 조
절한다는 것이다.

68

정의를 열성적으로 외치는 사람일수록 신뢰하기 힘든
경우가 많다. 폭군 밑에서 더 많은 이득을 얻을 수만 있다
면 그들은 당장 폭군에게 달려가 무릎을 꿇을 것이다. 그
런 사람들은 모두 자신의 특정 이익을 마음속에 품고 있으
며 그것에 따라 움직인다.

69

이 세상에 친구들보다 귀한 것은 아무것도 없다. 친구를 사귈 수 있는 기회를 절대로 놓치지 마라. 전혀 예상치 못한 순간에 친구로부터는 도움을 받지만, 원수로부터는 해를 입는다.

70

모든 사람이 그러하듯 나 역시 명예와 이익을 추구해왔으며 지금까지도 기대보다 더 많은 것을 얻었다. 이 정도라면 만족스러울 줄 알았지만 그렇지 않다. 인간이란 아무리 많이 얻어도 여전히 더 얻기를 갈망하는 존재다.

71

용감한 사람과 명예를 위해 위험을 무릅쓰는 사람 사이에는 큰 차이가 있다. 양쪽 다 위험을 깨닫고는 있지만, 용감한 사람은 위험으로부터 자신을 지켜낼 수 있다고 믿는다. 그렇지 않다면 그는 위험을 무릅쓰려고 하지 않을 것이다. 반면에 명예 때문에 나서는 사람은 위험을 두려워하면서도 당당하게 맞선다. 겁이 없어서가 아니라 수치를 당하느니 차라리 피해를 입는 게 낫다고 생각하기 때문이다.

72

인간에겐 어리석음과 음흉함, 교활함이라는 속성이 있다. 그러므로 매사에 의심이 많고 남을 못 믿는 것이 반드시 옳은 것은 아니지만, 덜 믿고 덜 신뢰할수록 실패는 줄어든다는 점을 명심하라.

73

예상했던 위험보다는 전혀 예기치 못한 위기 상황에서 비로소 그 사람의 됨됨이를 알 수 있다. 뜻밖에 닥친 위기를 당당하게 극복하기란 그리 쉽지 않다. 따라서 그것을 잘 극복하는 사람은 진정 용기 있는 자라고 불릴 만하다.

74

세상에서 가장 해로운 것은 경솔함이다. 경솔한 사람은 그가 아무리 사악하고 위험한 사람일지라도 어느 편에서든 이용당하기 쉽다. 불이 나면 그것을 피해 멀리 달아나듯이 경솔한 사람들로부터는 멀리 달아나는 게 현명하다.

75

남에게 피해를 입지 않는 가장 확실한 보장은 그에게 당신을 해칠 의사가 없다는 데 있는 게 아니라 해칠 능력이 없다는 데 있다.

76

형제나 친척들과 좋은 관계를 유지하라. 기대 이상의 많은 혜택을 누리게 될 것이다. 그런 이익이란 눈에 보이는 것이 아니어서 실제로 잘 깨닫지 못할 뿐 다양한 형태로 되돌아온다. 그들과의 돈독한 유대관계는 타인들이 당신을 함부로 넘보지 못하도록 보호막이 되어주기도 한다. 그러니 비록 불편함과 마땅찮은 마음이 있더라도 그들과 편안한 관계를 맺고 존경과 사랑을 받을 수 있도록 노력하라.

77

남들보다 뛰어난 재능이 도리어 그 사람을 불행과 번민에 빠뜨리는 경우가 흔하다. 왜냐, 재능이 덜한 사람보다 더 많은 갈등과 고뇌를 겪게 되기 때문이다.

78

재능이 뛰어난 사람이 판단력이 뛰어난 사람을 활용할 때보다는, 판단력이 뛰어난 사람이 재능이 뛰어난 사람을 활용할 때 오히려 그 효과가 더 크다.

세상에 배은망덕한 사람들이 많다고 해서 선행을 베풀지 않는 것은 어리석은 짓이다. 보답을 바라지 않고 하는 선행은 그 자체로 선하며 신성하다. 더구나 선행을 계속하다 보면 누군가 너무나 고마운 나머지 다른 사람들이 못한 것까지 혼자 몽땅 보답하는 경우도 생긴다.

80

"지혜로운 사람들로만 예닐곱 명쯤 한데 모아보라. 미친 사람들과 다를 바 없게 될 것이다." 안토니오 다 베나프로가 했던 말인데 참 옳은 말이다. 그들은 어떤 문제에 대해 견해가 다를 때마다 합일점을 찾기보다는 논쟁만 일삼을 것이기 때문이다.

마키아벨리의 『군주론』 제22장에서도 거론되는 안토니오 다 베나프로(Antonio da Venafro; 1459-1530). 시에나의 군주 판돌포 페트루치(Pandolfo Petrucci; 1452-1512)는 당시 법률가이자 탁월한 논객이었던 그를 재상(宰相)으로 삼았다.

81

가난한 사람들은 우연한 일로 불화를 빚기 쉽다. 그러나 부자들은 원래부터 다른 사람들을 적대시하는 경향이 있다. 남을 적대시하고 남과 불화할 때 부자들이 가난한 사람보다 더 크게 비난받아야 하는 이유가 여기에 있다.

82

사람에게 가장 무서운 적은 바로 자기 자신이다. 사악한 행동, 위험, 걱정거리는 대부분 자신의 지나친 탐욕에서 비롯된다.

83

인간의 마음은 손실의 위험보다 이익의 기대감에 더 쉽게 움직인다. 두려워해야 마땅한 경우에도 그 두려움을 억제하며, 전혀 가능하지 않은 상황에서도 쉽게 기대감을 품는다. 기대감이 두려움보다 앞서면 잘못을 저지를 가능성도 높아진다. 경험이 없는 사람일수록 거의 항상 그렇다.

84

사람들이 어떻게 자신을 속이는지 보라. 그것이 바로 당신의 모습이다. 누구나 남이 저지른 범죄는 추하게 여기는 반면 자신의 범죄는 별 게 아니라고 생각한다.

85

재능이 모자라는 사람에게 공부를 강요하면, 지식이 늘지도 않을 뿐만 아니라 그를 자포자기에 빠뜨리기 쉽다.

86

결점은 누구에게나 있다. 많거나 적거나의 차이가 있을 뿐이다. 타인에 대한 관용이 없다면 우정뿐 아니라 상하관계나 동료관계도 더는 지속되지 못한다. 그러므로 항상 관용의 자세를 유지해라. 우리는 서로를 알아가는 법을 배워야 한다.

중대한 일일수록 세부 사항을 면밀하게 파악해야 올바른 판단을 내릴 수 있다. 사소한 조건 하나가 전체 상황을 바꿔놓기 때문이다. 하지만 판단력이 부족한 사람이라면 차라리 대략적으로 내용을 파악한 뒤 결론을 내리는 게 낫다. 그런 사람은 오히려 세부적인 것을 알고 나면 혼란에 빠져 더 형편없는 판단을 하게 될 공산이 크다.

교황 율리우스 2세와 교황 클레멘스 7세의 성격은 완전히 달랐다. 율리우스 2세는 거의 한계가 없다고 할 만큼 용기가 넘쳐났으며 급하고 충동적이고 호쾌하고 솔직했다. 반면 클레멘스 7세는 비겁하다 할 만큼 용기도 없었으며 신중하고 인내심이 강하고 속임수에 능했다. 그런데 이런 정반대의 인물들이 똑같이 위대한 업적을 이루어냈다.

교황 율리우스 2세(Papa Giulio II; 재위기간 1503-13, 율리오 2세). 그는 교황청 국가의 영토를 확장시키고 중앙집권 체제를 확립하는 데 성공했으며, 교황의 자리에 있을 때나 낙향했을 때도 꼿꼿했고, 맹렬한 싸움꾼이자 솔직한 상대였다. 반면에 교황 클레멘스 7세는 교회 행정에 수완을 발휘하고 학문예술을 장려한 반면 판단력과 결단력이 부족해 종교와 정치적 갈등을 야기한 인물로 꼽힌다.

인내와 성급함은 양쪽 다 유능한 군주에게 필요한 속성이다. 성급한 성격은 재빨리 공격해 모든 것을 휩쓸어버린다. 인내심이 강한 성격은 시간과 기회를 노려 적의 세력을 약화시킨 뒤 정복했다. 이들 성격은 상황에 따라 유익할 수도 있고 해로울 수도 있으므로, 둘을 겸비해 적절하게 발휘한다면 가히 대적할 만한 사람이 없을 것이다. 그러나 이 두 가지 속성을 동시에 갖추지 못했다면 나는 동일한 조건에서는 성급하고 과감한 것보다는 인내하고 신중한 쪽이 더 큰 일을 성취할 수 있다고 생각한다.

사람들의 환심을
사고 싶다면
뛰지 않게 행동하라

너무 늦었다고
생각하는 때가 가장
적절한 때일 수 있다

리더는 어떻게
행동해야 하는가?

싫어하는 티를
내지마라

제4장 **군주론**

한 나라의 멸망은
대부분 통치자의 실정
때문에 일어난다

사람의 마음은
이익의 기대감에
더 쉽게 움직인다

원하는 것을 얻을
기회가 왔을 때 주저하지
말고 손에 넣어라

88

주인은 자기가 부리는 하인에 대해 잘 안다고 생각하지만, 이는 큰 착각이다. 하인은 주인을 대할 때 최대한 조심하며 자신의 성격이나 속내를 감추고 다른 모습으로 보이기 위해 애쓴다.

89

권한은 잘만 사용하면 실제 주어진 것보다 훨씬 큰 영향력을 행사할 수 있다. 특히 그의 권한이 어디까지 미치는지 정확히 알 수 없을 때 사람들은 위협이 될지 안 될지를 파악하려 하기보다는 재빨리 굴복하는 쪽을 택한다. 그리고 대부분 실제 부여된 권한보다 부풀려 생각하기 때문에 직접 강요하지 않은 일들에 대해서도 자발적으로 복종하게 된다.

주인을 존경하거나 진심으로 고마워하는 하인에게는 수시로 혜택을 베풀고 최대한 보상해주는 것이 마땅하다. 그러나 경험상 하인들은 보상을 받고 나면 더 성가시게 굴거나 주인에게 등을 돌리기 마련이다. 보상을 했다고 그들이 충성을 바칠 것이라고 기대하지 마라. 오히려 그들이 보상을 기대해 충성을 바치게 만들어야 한다. 그들이 혜택에 대한 기대를 저버리지 않을 만큼만 희망을 갖게 하라.

　그러나 너무 인색하다는 인상은 주지 마라. 방법은 간단하다. 가끔 누군가에게 푸짐하게 베풀면 된다. 사람은 본디 두려움보다는 기대감에 더 쉽게 좌우된다. 남이 가혹한 처벌을 받는 것을 보고 두려워하기보다는 푸짐하게 보상받는 것을 볼 때 더 큰 자극을 받는다. 그러니 불충분한 보상을 한없이 베풀면서 불신을 얻을 게 아니라 한 차례 확실하게 관대한 조치를 베풀면서 신임을 얻는 것이 훨씬 유용한 방법이다.

92

    은혜만큼 쉽게 잊혀지는 기억도 없다. 남에게 받은 혜택은 잊어버리기도 쉽고 실제보다 축소해 기억하거나 심지어는 어쩔 수 없이 도와준 것이라는 주장까지 서슴지 않게 될 것이다. 그러니 누군가를 의지해야 한다면 과거에 내가 은혜를 베풀어주었던 사람보다는 결코 배신하지 못할 사람이나 공동의 이해관계를 가진 사람을 택하는 것이 안전하다.

93

잔인하고 가혹한 수단을 자주 동원하는 지배자가 두려움의 대상이 되는 것은 전혀 놀랄 일이 아니다. 백성은 자신을 해치거나 파멸시킬 수 있고 또 그러기를 서슴지 않는 사람에 대해 두려움을 느낀다. 훌륭한 지배자는 실제로는 가혹한 조치와 처벌을 내리는 일이 거의 없으면서도 무서운 존재라는 명성을 얻고 유지할 줄 아는 사람이다.

관직에 있는 동안 나는 잔인한 처사나 지나친 처벌을 결코 좋아하지 않았다. 그런 것들은 필요하지도 않다. 본보기를 보여줘야 하는 일부 예외를 제외하고는 규정된 형벌의 일부만 집행해도 사람들은 충분히 두려워한다. 이는 모든 범죄가 반드시 처벌된다는 원칙이 확립되어 있을 때의 이야기이다.

94

군주는 꼭 필요한 경우를 제외하고는 자기 손에 피를 묻혀서는 안 된다. 얻는 것보다 잃는 것이 더 많기 때문이다. 공격은 받은 사람에게만 피해가 미치는 것이 아니라 다른 많은 사람들을 불안하게 만든다. 또한 한 명의 적이나 한 가지 장애는 제거되었을지 몰라도 그 뿌리까지 뽑힌 것은 아니다. 하나를 자르면 다른 것들이 일어나게 된다. 이는 히드라의 머리를 자르면 거기서 새로 일곱 개가 자라나는 것과 같다.

95

다른 사람을 지휘하는 사람은 명령을 내리는 데 지나치게 까다롭거나 신중해서는 안 된다. 까다로움과 신중함도 지나치면 해롭다는 뜻이다.

96

지도자가 통치권을 완전히 확립하기 위해서는 모든 범죄를 엄격히 처벌해야 한다. 다만 처벌을 하면서도 관용을 적절히 베풀어줄 필요가 있다. 중차대한 범죄의 처벌 사례를 보여주어야 하는 게 아니라면 대개 가벼운 벌금형만으로도 충분한 경우가 많다.

97

사람들의 많이 숙청한다고 해서 나라의 안전이 지켜지는 것은 아니다. 처형을 거듭할수록 더 많은 적이 만들어지기 때문이다.

98

원수가 내 앞에 엎드려 자비를 간청한다면 자비를 베풂으로써 영광을 두 배로 만들어라. 승리 자체에 만족하고 적을 용서하면 모든 사람의 칭송을 받게 될 것이다. 탁월하면서도 관대한 인물들은 그렇게 한다.

99

그러나 알렉산더 대왕이나 카이사르를 비롯해 관용으로 이름난 위인들 그 누구도 승리가 위협당하는 순간에는 절대 자비를 베풀지 않았다. 그럴 때 자비를 베푸는 것은 정말 어리석은 짓이다. 그들은 오직 안전에 문제가 없고 자신의 명성이 더해지는 경우에만 자비로웠다.

100

복수가 꼭 증오나 악한 본성에서 시작되는 것은 아니다. 나를 건드리면 이렇게 된다는 본보기를 위해서라도 복수는 가끔 필요하다.

101

평소 자신을 반대해오던 세력이 내분을 일으켜 서로 싸우기 시작한다면 일단 신중하게 관망하라. 각개격파를 생각하고 섣불리 어느 한쪽을 공격하면 오히려 그들이 다시 뭉칠 빌미를 제공하는 결과를 불러올 수도 있다. 다른 모든 상황뿐 아니라 그들 사이에 싹튼 증오의 정도까지 신중하게 살피다 보면 그들 중 하나를 공격하는 게 나을지 아니면 가만히 서서 그들끼리 싸우는 것을 구경하는 게 나을지 적절한 결론이 나올 것이다.

102

내 계획을 반대할 것이 뻔한 사람을 오히려 지지자로 만
드는 방법 한 가지는 그 사람을 그 계획의 리더로 끌어들
이는 것이다. 아마도 그는 자신이 애초부터 그 계획을 고
안해냈거나 지휘하고 있다고 믿게 될 것이다. 이 방법은
주로 경솔한 사람들에게 잘 통한다. 이는 그들이 실질적인
이익보다 훨씬 중요하게 생각하는 허영심을 충족시켜주기
때문이다.

103

루도비코 스포르차 공작은 유능한 군주와 석궁을 구별
하는 잣대가 똑같다는 말을 하곤 했다. 석궁의 실력은 화
살을 쏘아보면 판별된다. 마찬가지로 군주의 능력은 그가
선택한 사람들의 면면을 보면 알 수 있다.

어떤 일을 시도할 때 적절한 시기를 맞추어서 하면 그 일을 성사시키기가 참 수월해진다. 그러나 시기가 오기도 전에 성급히 추진하면 실패할 뿐 아니라 막상 최적의 순간이 와도 아무런 소용이 없게 된다. 그러므로 정신없이 서두르거나 덤벼들지 말고 적당한 때를 기다려야 한다. 대개 현명한 사람이 참을성이 있는 것은 이러한 이유에서다.

내가 에스파냐에 대사로 가 있을 당시의 일이다. 국왕 아라곤의 페르디난도는 가장 강력하고 현명한 군주 가운데 한 사람이었다. 그는 새로운 일을 추진할 때나 매우 중요한 결정을 내릴 때에도 결코 자신의 의도를 먼저 드러낸 뒤 그것을 정당화하는 식이 아니었다. 오히려 그 정반대였다. 의중을 드러내지 않고 일을 아주 교묘하게 처리해 신하와 백성들의 입에서 먼저 "전하께서는 이러한 이유로 그렇게 하셔야만 합니다."라는 말이 나오도록 만들었다. 그러고 나면 그는 원래 자신이 원했으면서도 만인이 타당하고 필요하다고 주장하니 그것을 따르겠노라고 선포하곤했다. 그의 결정이 언제나 놀라운 호응과 칭송을 받은 이유가 여기에 있다.

　아라곤의 페르난도 2세(Ferdinando II of Aragon; 1479-1516)
와 레온-카스티야의 이사벨 여왕(1451-1504). 이사벨은 아라곤의
페르난도 2세와 결혼하여 공동 군주(레온-카스티야에서는 페르난도
5세로 불렸다)가 되었고 이를 통해 에스파냐 통일의 기초를 만들었
다.다. 이들은 1492년 크리스토퍼 콜럼버스의 1차 항해를 후원하기
도 했으며, '가톨릭 왕(the Catholic)'이라는 별칭으로도 유명하다. 귀
차르디니는 1512-14년 에스파냐 주재 피렌체 대사를 역임했다.

105

지위에는 책임이 따르며, 그 책임을 통해 사람의 그릇이 큰지 작은지가 드러난다. 또한 높은 지위에 따르는 권력과 자유는 그 사람의 정신적 성향과 참된 본성을 한층 잘 보여준다. 권한이 강할수록 그는 자신의 본성대로 움직이는 것에 주저하거나 두려움이 없게 된다.

106

국민이나 개인이나 본질적으로 자기가 가진 것보다 더 많은 것을 원하게 되어 있다. 상대가 무언가 요구해올 때, 그것을 들어준다고 해서 결코 끝나지 않는다. 첫 요구에 응해주면 다음엔 더 많은 것을 더 강하게 요구할 것이다. 마실 것을 주면 줄수록 갈증은 줄어드는 게 아니라 더 심해진다. 그러므로 요구는 처음에 거절하는 것이 상책이다.

107

군주가 가장 경계하는 대상은 천성적으로 불만을 품는 사람들이다. 아무리 혜택을 베풀고 선물을 안겨준다고 해도 결코 그들에 대해서는 안심할 수 없다.

108

불만을 품은 사람과 절망에 빠진 사람 사이에는 큰 차이가 있다. 절망적인 사람은 오로지 체제를 뒤엎는 것을 목표로 하며 위험을 감수하고라도 그것을 실행에 옮기지만 불만스러운 사람은 체제가 바뀌기를 원한다 해도 그런 기회가 오기를 기다릴 뿐 앞장서서 음모를 꾸미지는 않는다. 이렇듯 불만을 가진 사람은 별로 위협적이지 않은 반면 절망적인 사람에 대해서는 언제나 경계를 늦추지 말아야 한다.

109

사람들에게 자유를 너무 많이 허용하는 것은 좋지 않다. 사람은 누구나 천성적으로 자유를 갈망하며 현 상태에 만족하는 법이 없어 항상 더 많은 것을 원하게 마련이다. 이에 대한 욕구는 풍족한 생활이나 군주에게 받은 각종 혜택을 기억하는 것보다 훨씬 강렬하다.

110

다른 사람의 불만을 사면서까지 특정인에게 호의를 집중해 베푸는 일이 없게 하라. 그런 것에 상처받으면 결코 잊어버리지 않는데다 시간이 갈수록 점점 부풀려 생각한다. 반대로 호의를 입은 쪽은 그 사실을 잊기도 쉽고 자신이 받은 혜택을 과소평가하는 경향이 있다. 이래저래 얻는 것보다 잃는 것이 훨씬 많은 셈이다.

111

군주나 사업가들에게 비밀은 매우 중요하다. 그들에게 비밀이 있다고 여겨지면 부하나 주위 사람들은 항상 긴장하고 두려움을 느끼며 그의 일거수일투족을 예의주시하게 된다. 그러므로 윗사람은 아무리 하찮은 것일지라도 입을 굳게 다무는 습관이 몸에 배어야 한다. 오직 예외가 있다면 그건 비밀이 알려지는 게 오히려 유리한 경우일 것이다.

112

전쟁을 시작할 때 최악의 적은 손쉽게 이길 것이라는 믿음이다. 수천 가지 우연이 일어남을 간과해서는 안 된다. 우연한 사건들이 가져오는 혼란은 대비하지 않은 사람에겐 더 크고 치명적인 결과를 낳는다. 그 사건들이란 아마도 처음부터 악전고투가 될 것이라고 예상했다면 당연히 사전에 고려해보고 대책을 세웠을 것들이다.

남들이 전쟁을 벌이고 있을 때 누가 이기든 두렵지 않은 강력한 군주라면 중립을 지키는 것이 현명하다. 자기 힘으로도 얼마든지 권력을 유지할 수 있고 또 다른 이들이 혼란에 빠져 있는 동안 이익을 챙길 수도 있기 때문이다. 그러나 이러한 경우가 아니라면 중립은 어리석고 위험하다. 나중에 승자와 패자 모두에게 공격의 대상이 되기 때문이다.

최악의 경우는 판단에 의해서가 아니라 우물쭈물하다가 중립을 취하게 되는 상황이다. 군주보다는 공화국에서 이런 실수를 많이 한다. 결정을 내리는 사람들끼리 일치가 되지 않아 미온한 태도를 보이게 되는 것이다. 이런 사태가 정확히 1512년에 벌어졌다.

피렌체는 '신성동맹'에 참여하지 않았지만 미약한 중립정책을 펴기 위해 프랑스를 지원했다. 프랑스가 라벤나에서 중대한 승리를 거두고도 알프스 쪽으로 퇴각하자, 피렌체는 교황과 에스파냐군의 먹잇감이 되었으며, 지오반니 데 메디치 대주교(나중에 레오 10세)가 돌아왔다. 이로써 메디치가는 복권되었으며 '1494년 헌법'도 효력을 잃게 되었다.

114

그럼에도 굳이 중립을 지키고 싶다면, 최소한 중립조약을 원하는 쪽과 조약을 체결하도록 하라. 그것은 결과적으로 일종의 편들기가 된다. 조약을 맺은 쪽이 승리를 거둔다면, 그쪽에서는 아마도 당신을 해치는 것을 부끄럽게 여기거나 꺼리게 될 것이다.

115

승리가 정의로운 대의명분에서 나온다는 생각은 오산이다. 오히려 우리는 날마다 그 반대의 것을 보지 않는가. 정의가 승리하리라는 신의 약속에 대한 확신은 사람을 더욱 열정적이고 집요하게 만들며 그 결과 때로 승리의 결실을 맺기도 한다. 이처럼 정의로운 대의명분은 간접적으로는 유익할 수 있으나 그 자체로 직접적인 수단이 될 수는 없다. 정의보다는 사리분별, 힘 그리고 행운이 승리를 가져온다.

아주 빨리 끝낼 수도 있는 전쟁인데 질질 끌게 되는 경우가 있다. 필요한 군수품이 도착할 때까지 또는 상황이 충분히 무르익을 때까지 기다리지 않은 탓에 쉬운 일을 어렵게 풀게 되는 것이다. 하루를 벌려고 했다가 한 달 이상을 낭비하는 경우도 많다. 서두름은 종종 큰 재앙을 낳는다.

신성로마제국의 카를 5세가 교회의 안보에 위협을 가하자 교황 클레멘스 7세는 1526년 프랑스의 프랑수아 1세와 '꼬냑 동맹'을 맺었다. 그러자 카를 5세의 에스파냐와 독일 용병들이 1527년 로마로 진군해 '로마의 함락'이라 불리는 잔인한 전쟁을 벌였다.

"실이란 가장 약한 곳이 끊어지게 마련이다." 베네치아 공화국이 가톨릭 국가의 국왕을 저버리고 프랑스 국왕과 동맹을 맺었다는 소식과 함께 에스파냐 국왕의 시종장 알마자노(Almajano)가 내게 들려준 카스티야 속담이다. 가장 약한 곳이 바로 공격의 대상이 된다는 뜻이다. 사람들의 행동에서 이성의 판단이나 다른 사람들에 대한 배려는 별로 영향을 미치지 않는다. 오히려 사람들은 각자의 이익을 추구하며 가장 약한 사람, 즉 가장 덜 두려운 존재가 고통을 감수하는 것에 기꺼이 동의한다. 이는 매일 벌어지는 현실의 문제에서도 다르지 않다. 자신보다 강한 사람을 상대해야 할 때도 항상 이 속담을 명심하라.

1493년 신성로마제국 황제에 오른 막시밀리안 1세(1459-1519)는 합스부르크 왕가를 16세기 유럽에서 지배적인 세력으로 만들었다. 그가 주도한 '신성동맹'(1511년 신성로마제국, 스페인, 베네치아, 잉글랜드가 프랑스에 대항하기 위해 율리오 2세 주도로 결성)이 1512년 '라벤나 전투' 승리 후 프랑스의 루이 12세를 물리치고 차지한 정복지를 반환하지 않자, 베네치아 공화국은 1513년 친(親) 프랑스 노선을 취했다.

118

지출에 인색한 사람은 결국 더 많은 비용을 지출하게 된다. 엄청난 비용이 드는 전쟁에서는 특히 그렇다. 비용을 많이 쓰면 쓸수록 전쟁은 빨리 끝날 것이며, 돈을 아끼기 위해 충분히 지출하지 않으면 전쟁이 길어져 결국 더 많은 돈이 들어가게 된다. 충분한 자금을 마련해두지 않고 지출에도 인색하면서 전쟁을 벌이는 것처럼 위험한 짓은 없다. 전쟁을 끝내기는커녕 오히려 더 길게 끄는 지름길이다.

119

무슨 일이든 신중하게 추진하는 것이 마땅하다. 그러나 앞에 많은 난관이 놓여 있다고 섣불리 판단해 중도에 멈추어서는 안 된다. 진행 과정에서 쉬워질 수도 있고 그러다 보면 어려움이 저절로 사라지기도 한다. 사업하는 사람들은 이 말이 옳음을 날마다 확인할 수 있을 것이다. 아마 교황 클레멘스 7세도 이 점을 명심했다면 좀.더 신속하고 좀 더 명예스럽게 일들을 처리했을지 모른다.

사업을 할 때 일을 벌이고 방향대로 그것들이 진행되도록 만들었다고 해서 사업가의 할 일이 끝난 것이 아니다. 이후에도 과정을 주시해야 하며 마무리 될 때까지 계속 관여해야 한다. 사업을 하는 사람들을 보면 실제로 일이 시작되지도 않았거나 그 앞에 수많은 난관이 있음에도 마치 일이 성사된 것처럼 여기는 경우가 많다. 인간의 태만과 무능, 사악함은 생각보다 크며, 사업에서의 많은 장애와 어려움은 지극히 당연한 것임을 명심해야 한다.

121

원하는 것을 얻을 기회가 왔을 때는 주저하지 말고 손에 넣어라. 기회란 문을 단 한 번만 두드리고 가버리기 때문에 신속하게 결정하고 행동해야 한다. 반면에 원치 않는 제안을 받거나 곤란한 상황에 처해 있다면 최대한 시간을 끌어라. 종종 시간이 문제를 해결해준다. "현명한 사람은 시간의 이점을 잘 이용한다."는 속담의 의미는 바로 이런 것이다.

대립과 분열의 도시에서 일어나는 범죄의 대부분은 불신에서 비롯된다. 상대의 신의를 의심하기 때문에 다른 사람보다 먼저 선수를 치기로 작정하게 되는 것이다. 그러므로 그런 도시를 다스리는 사람은 무엇보다 불신을 없애기 위해 노력해야 한다. 대중의 지지를 기대하며 혁신을 시도하지 마라. 막상 대중이 따라오지 않거나 당초 믿었던 것과는 전혀 다르게 생각할 수도 있으므로 그것을 기반으로 삼기엔 너무 불안정하다. 브루투스와 카이사르의 예를 보라. 카이사르를 암살한 뒤 그들은 기대했던 대중의 지지를 얻지도 못했을뿐더러 결국 대중이 무서워 카피톨리움 신전으로 도피하고 말았다.

123

군중은 때로 미친 야수와 같다. 무수한 오류와 혼란을 불러오며 멋도 즐거움도 안정성도 없다. 프톨레마이오스의 말에 따르면, 그들의 견해란 에스파냐가 인도에서 갈려져 나왔다는 주장만큼이나 진실과 거리가 멀다.

124

"직책은 사람의 됨됨이를 드러낸다."는 옛말은 정말 옳다. 권한과 책임을 부여해보면 그 사람의 자질을 단적으로 알 수 있다. 말은 번드르르하게 하지만 정작 어떻게 일을 하는지도 모르는 사람이 많다. 거리나 시장에서 보았을 때는 대단한 인물인 것 같았는데 막상 고용해보면 허깨비인 경우도 허다하다.

125

명성이 주는 혜택은 매순간 눈으로 확인할 수 있을 정도이다. 게다가 보이지 않는 혜택까지 더하면 헤아릴 수 없을 만큼 많다. 본인은 영문도 모른 채 가지는 호감과 호평에서 비롯된 것들이다. 그래서 훌륭한 명성이 엄청난 부보다 가치 있다는 말이 나오는 것이다.

126

과거에 일어난 일이나 멀리 떨어진 곳에서 일어난 일을 모르고 있다고 해서 놀랄 필요는 없다. 사실 따지고 보면 우리는 매일 주변에서 일어나는 일들도 제대로 알지 못한다. 궁과 저잣거리 사이에는 먹구름 혹은 두터운 장벽이 도사리고 있기 때문에 사람들이 맨눈으로 그 너머의 일을 볼 수는 없다. 이런 상황에서 국민이 통치자가 무엇을 하고 있고 왜 그렇게 하는지를 아는 정도는 저 멀리 떨어진 인도에서 무슨 일이 일어나는지를 아는 것과 비슷한 수준이다. 그래서 세상은 너무도 쉽게 편견과 근거 없는 소문들로 가득차게 된다.

127

군주는 자신의 짐을 다른 사람에게 쉽게 떠넘길 수 있다. 자신의 실수나 과오가 주위의 잘못된 조언이나 부추김 때문인 것으로 얼마든지 책임을 돌릴 수 있기 때문이다. 군주가 이렇게 할 수 있는 것은 그의 의도된 무책임 때문이 아니라, 그 주변을 포함한 모든 인간의 속성이 그렇기 때문이다. 인간은 누구나 가까이 있는 사람, 더 쉽게 복수할 수 있는 사람을 증오하거나 비난하려는 경향이 있다.

128

대중은 일반적으로 후하게 베푸는 사람을 좋아한다. 그러나 현명한 사람들은 대중에 영합하는 그런 식의 관대함을 베풀지 않는다. 끝에 가서 더 많은 칭송을 받는 쪽은 씀씀이가 후한 사람이 아니라 현명한 사람이다.

129

국민은 정의로운 사람에게는 사랑을, 지혜로운 사람에게는 존경을 바친다.

군주의 영역에 속하는 일을 개인이 한다면 이는 군주에 대항하는 죄를 범하는 것과 같다. 마찬가지로 군주가 백성과 개인의 영역에 속하는 일을 하는 것도 범죄이다. 백성들에게 속한 것을 빼앗는 것이기 때문이다. 그러므로 무역과 독점거래와 그 밖에 일반 백성의 몫인 통속적인 일에 정신이 팔린 페라라의 공작은 비난받아 마땅하다.

페라라의 알폰소 1세 공작(Alfonso I d'Este; 1476-1534)을 말함. '팜므 파탈'로 불린 루크레치아 보르자의 3번째 남편으로 뛰어난 기술자였다. 그는 박격포를 만들어 '줄리아(La Giulia)'라는 여자 이름을 붙였는데, 전 유럽에서 명성을 떨쳤다.

131

인색한 군주보다 더 해롭고 치명적인 것은 씀씀이가 헤픈 군주이다. 군주는 아랫사람에게 빼앗지 않고서는 낭비할 수 없다. 이는 군주가 너무 인색해서 아무것도 베풀지 않는 것보다 더 안 좋은 상황이다.

그럼에도 사람들은 인색한 군주보다 낭비벽이 있는 군주를 더 좋아하는 것 같다. 많은 사람들에게서 착취한 것이 극소수에게는 혜택으로 돌아가게 마련인데, 자신만은 가진 것을 빼앗기는 다수가 아니라 이익을 보는 소수에 포함될 것이라고 기대하는 것이다. 두려움보다는 기대감을 더 많이 품는 게 인간의 속성이다.

132

군주는 자신의 안위를 위해서가 아니라 전체의 이익을 위해 그 자리에 있는 것이다. 그가 거두는 세금과 이익은 신하와 백성들의 풍족한 삶을 위해 쓰여야 한다. 그러므로 군주가 인색한 것은 보통사람이 인색한 것보다 더 혐오스럽다. 군주의 재산은 군주의 것이 아니다. 따라서 군주가 백성을 존중하지 않고 그들의 이익을 확보해주지 않는다면 그는 더이상 군주가 아니다.

133

매사가 그렇지만 특히 재산이나 권력에 관해서는 선한 사람보다 악한 사람이 더 많은 것을 갖는다. 그러므로 남보다 많이 가진 사람일수록 매사에 경계하라. 믿어도 된다는 확신이 들지 않는 한 아무도 믿지 마라.

134

좋은 자리를 얻기는 어려워도 잃는 것은 한순간이다. 그러니 좋은 자리에서 풍족한 생활을 누리고 있다면 그 자리를 날려버리지 않도록 매사에 만전을 기해야 한다.

아무리 막으려고 애를 써도 정부 공무원들은 대개 공금에 손을 대기 쉽다. 나 자신 정직함을 본보기로 온갖 노력을 기울였지만 내 밑에서 일하는 행정관들과 다른 관리들의 도둑질만은 끝내 막지 못했다. 돈이면 안 되는 게 없고 부자가 의인보다 더 많은 존경을 받는 오늘의 세태가 이러한 비리를 낳고 있다.

이는 또한 군주들의 무지나 부당한 처사에도 원인이 있다. 그들은 사악한 짓을 저지른 사람에게 관용을 베푸는가 하면, 자신을 충실하게 섬기는 신하보다 제대로 섬기지 않는 신하들에게 더 많은 자비를 베푼다.

135

피상적으로 드러나는 부분만 보고 섣불리 비난하거나 칭찬하지 마라. 칭찬받을 만한 행동이 비난받게 되는 경우도 많고 반면에 비난받아 마땅한 행동들이 칭찬을 받는 경우도 많다. 균형 잡히고 올바른 판단을 하고 싶다면 만사를 겉만 보지 말고 깊이 들여다볼 수 있어야 한다.

136

어떤 결정을 내리거나 의견을 주장해놓고 실행 전에 입장을 번복하게 되었을 때, 자신의 권한이나 능력으로 결과를 바꿀 수 있는 게 아니라면 그냥 처음의 결정을 밀어붙이는 게 더 낫다. 번복은 득보다 실이 많다. 일의 결과란 반드시 그가 애초에 말한 것이나 나중에 번복한 것과 일치하지는 않기 때문이다. 처음의 입장을 고수했고, 그것이 옳았다고 입증될 경우 당신은 신뢰할 만한 인물로 보일 것이다.

통치자라면 누군가에게 벌을 주거나 보복을 가하려고 할 때 성급하게 굴어서는 안 된다. 적당한 시기와 상황이 올 때까지 기다려야 한다. 포악하거나 성마른 인물로 보이지 않으면서도 자신의 의도를 완전히 또는 부분적으로 이룰 수 있는 기회가 반드시 올 것이기 때문이다.

우리 피렌체가 시에나를 지배할 위치에 있지 않은 때는 시에나에 현명한 정권이 들어서는 게 이롭다. 그 지도자는 늘 우리와 기꺼이 교섭할 것이며, 피렌체에 대한 시에나 사람들의 뿌리 깊은 반감과 증오보다는 이성적 판단에 따라 움직일 것이기 때문이다. 그리고 피렌체령인 토스카나를 상대로 전쟁을 일으키려고 애쓰지도 않을 것이다. 그러나 피렌체 출신이 교황이 된 지금 같은 상황에서는 어리석은 정권이 시에나를 통치하는 게 우리에게 이익이다. 시에나가 혼란에 빠질수록 우리 손아귀에 들어오는 것도 더 쉬워지기 때문이다.

138

위대한 군주라도 자격이 충분한 신하들을 거느리는 경우가 매우 드물다는 사실을 우리는 역사를 통해 알 수 있다. 사람을 보는 안목이 부족하거나 베푸는 데 너무 인색한 군주라면 그렇다 해도 별로 놀랍지 않다. 그러나 그런 군주가 아닌데도 그렇다면 사람들은 의문을 가질 것이다. 중요한 직책을 담당하는 신하는 우선 남보다 뛰어난 재능을 갖추어야 하는데 이런 인물은 그리 흔치 않다. 여기에 충성심이 뛰어나고 누구보다 정직한 인물이어야 한다면 이런 인물은 더욱더 드물다. 충성심과 정직함 가운데 하나를 갖춘 인물을 발견하기도 어려울진대, 이 둘을 겸비한 인물을 찾아내기란 얼마나 어렵겠는가!

그러므로 현명한 군주는 아예 미숙한 사람을 신하로 뽑는다. 여러 일을 맡겨서 시험도 해보고 보상도 충분히 해주는 방식으로 훈련시켜서 전문가로 키우는 한편 자신에게 충성을 다하게끔 만든다. 완벽한 능력을 갖춘 사람을 발견하기는 어려워도 시간을 투자해 그런 사람으로 만들어내는 것은 가능하기 때문이다.

역사가들이 흔히 저지르는 오류 중의 하나는 동시대 사람들이 익히 알고 있는 사실들을 자신의 기록에서 제외시키는 것이다. 누구나 이미 잘 알고 있다는 선입관 때문에 그렇게들 하다 보니 막상 지금 우리에겐 그리스, 로마나 다른 나라들의 역사에 관한 정보가 많이 부족한 실정이다. 당시에는 잘 알려져 있었기 때문에 기록에서 누락된 것들, 예를 들어 통치자의 권한, 권력의 분배, 정부 조직, 전쟁의 기술, 도시 규모 등 수많은 사항을 지금 우리로서는 알 길이 없다.

역사를 기술하는 궁극의 목적이 기억의 보전에 있음을 역사가들은 명심해야 한다. 도시는 언젠가는 멸망해 사람들의 기억도 잊혀지게 마련이다. 역사는 먼 후세의 사람들도 마치 눈으로 보듯 잘 알 수 있게 기록해야 한다.

교황의 신하보다 군주의 신하 중에 능력 있는 사람이 더 많은 이유는 간단하다. 일반적으로 속세의 군주는 교황보다 오래 통치하고 자신과 비슷한 후계자에게 권력을 넘겨주기 때문에 사람들은 그를 더 존경하게 되고 그를 더 오래 섬길 수 있을 것이라는 기대를 품는다. 특히 군주의 후계자는 전임자의 오랜 신임을 얻어왔던 신하들을 쉽게 신뢰한다. 게다가 군주의 신하는 그의 영토에 속하는 사람이거나 영토의 일부를 보상받았기 때문에 군주와 후계자를 존경하거나 두려워하지 않을 수 없다. 반면에 대개의 교황은 그리 오랫동안 자리를 유지하지 못하므로 새로운 인재를 훈련시킬 시간이 별로 없고, 그러다 보니 새 교황도 전임자의 신하를 신뢰하기 어렵다. 그리고 교황의 신하들이란 교황권이 미치지 않는 다른 여러 나라 출신들이 주를 이루는데다 받는 혜택도 교황의 통제를 받지 않기 때문에 새 교황을 두려워하거나 그를 계속 섬길 수 있다는 기대도 하지 않는다. 그래서 신하들은 군주를 섬길 때보다 교황을 섬길 때 덜 헌신적이고 덜 충성스러운 것이다.

139

독재자들의 생각을 알고 싶다면, 로마의 정치가이자 역사가인 코르넬리우스 타키투스의 책 『역사』 중에서 죽어가던 아우구스투스 황제가 후계자 티베리우스와 나눈 마지막 대화 부분을 읽어보아라. 타키투스는 독재 치하에서 살아남는 법을 가르쳐준다. 동시에 독재자들에게는 권력을 지키는 법을 가르쳐준다.

티베리우스(Tiberius Julius Caesar Augustus; B.C. 42-37)는 로마 제2대 황제로, 티베리우스 클라우디우스 네로와 리비아 드루실라 사이에서 장남으로 태어났다. 어머니가 이혼 후 옥타비아누스(초대 황제 아우구스투스)와 재혼하자 이후 의붓아버지인 아우구스투스를 도와 전쟁에서 여러 차례 승리를 거두면서 후계자가 되었다.

140

폭군을 기꺼이 섬겼던 사람들은 비록 허수아비라 할지라도 다시 폭군을 내세우기 위해 무슨 짓이든 하려고 든다. 또한 새로운 인물이 큰 명성을 얻기는 쉽지 않으므로 이들은 옛 잔재 세력을 최대한 이용하려 들 것이다. 그러니 이제 막 독재에서 벗어난 나라는 폭군의 가계나 후손을 함께 없애지 않는 한 어렵게 쟁취한 자유를 안심하고 있을 수 없다.

성직자의 야심과 탐욕과 쾌락 추구에 대해서 나만큼 미워하는 사람도 없을 것이다. 이 세 가지 악덕은 그 자체가 혐오스러운 것일 뿐만 아니라, 하나님에게 일생을 바치겠다고 공언한 사람에게 전혀 어울리지 않기 때문이다. 또 서로 너무나 모순되는 것들이라 아주 특이한 경우가 아니라면 한 사람 안에 공존할 수도 없다. 그럼에도 나 자신은 맡은 직책상 여러 교황 밑에서 일하면서 그들을 도울 수밖에 없었다. 그렇지만 않았다면 나는 마르틴 루터를 나 자신보다 더 사랑했을 것이다. 이는 타락한 무리들이 그에 걸맞은 처지, 다시 말해 그들이 악덕을 버리거나 아니면 권위를 잃는 상황에 놓이는 것을 보고 싶었기 때문이다.

1494년 이전까지 전쟁은 한번 시작되면 끝나기까지 오랜 시간이 걸렸다. 전투를 해도 비교적 피를 덜 흘렸으며 정복의 방법은 느리고 어려운 것이었다. 대포가 있긴 했지만 조작에 서툴러 큰 피해를 입히지도 않았다. 집권 세력이 자신의 권력을 잃을 위험도 그리 크지 않았던 셈이다. 그러나 프랑스가 이탈리아를 침공해 전쟁의 능률을 진일보시키면서 상황은 달라졌다. 전투에 한번 지면 나라를 잃어버릴 수도 있게 된 것이다. 그러다가 다시 강력한 군대에 맞설 수 있게 되었는데 그 방법을 우리에게 처음 가르쳐준 인물이 바로 **프로스페로**다. 밀라노를 성공적으로 방어해낸 그의 사례를 통해 이제 권력자들은 1494년 이전과 마찬가지로 자신의 권력을 안전하게 지킬 수 있게 되었다. 다만 권력이 유지되는 배경에는 큰 차이가 있다. 예전에는 공격의 기술이 부족해서 그랬고, 지금은 방어의 기술이 매우 발달해서 그렇다.

Signor Prospero; 1494년 프랑스의 샤를 8세에 의한 이탈리아 침공을 막아냄. 1522년 4월 27일 밀라노에서 몇 마일 떨어진 외곽에서 벌어진 소위 '라 비코카 전투'에서 프랑스와 스위스 연합군을 격퇴시켰다

사람들의 환심을
사고 싶다면
튀지 않게 행동하라

너무 늦었다고
생각하는 때가 가장
적절한 때일 수 있다.

리더를 보좌하는
참모의 지혜

제5장 **참모론**

싫어하는 티를
내지마라

사람의 마음은
이익의 기대감에
더 쉽게 움직인다

한 나라의 멸망은
대부분 통치자의 실정
때문에 일어난다

원하는 것을 얻을
기회가 왔을 때 주저하지
말고 손에 넣어라

141

군주가 하는 행동만 보고 섣불리 판단하지 마라. 이러저러한 이유로 군주가 그리 행동하는 것처럼 보여도 사실은 전혀 다른 이유일 때가 많다. 군주의 행동은 우연이나 오만에서 비롯되는 것이 아니라 고도의 통치 기술에서 나온다.

142

흔히 하는 착각 가운데 하나는 군주가 어떤 결정을 내릴 때 이성과 논리에 따를 것이라는 생각이다. 군주는 반드시 해야 할 행동을 취하기보다는 자신의 천성이나 습관에 따라 결정을 내리는 경우가 많다. 예를 들어 프랑스 국왕이 어떤 행동을 취할지 판단하려면 프랑스인의 본성과 관습에 주의를 더 기울이는 게 낫다. 이는 비단 군주뿐 아니라 일반인들에 대해서도 마찬가지다.

143

사람은 누구나 높은 자리에 오르고 싶어한다. 지위와 그에 따르는 권력은 겉보기에 상당히 매력적이다. 그러나 높은 지위에는 어김없이 위험과 의심, 수많은 근심과 문제들이 따른다. 그 자리에 오르기 위해 그리고 그것을 유지하기 위해 얼마나 속을 끓여야 하는지는 그 이면에 철저히 감추어져 있다. 만약 그것을 들여다볼 수만 있다면 다들 그렇게 기를 쓰고 자리다툼을 벌이지는 않을 것이다.

144

윗사람에게 총애받고 싶다면 그들에게 존중과 존경의 마음을 충분히 표현하라. 지나치다 싶을 만큼 적극적으로 하라. 윗사람은 언제나 자신이 마땅히 받아야 할 존경과 존중을 받지 못하고 있다는 생각이 들 때 가장 거슬려 한다.

145

타고난 머리를 너무 믿지 마라. 경험이 뒷받침되지 않은 재능은 불완전한 것이다. 천부적인 재능만으로는 절대 이룰 수 없는 것을 경험이 가능하게 만드는 경우도 많다.

146

다른 사람이 권력을 잡는 일에 결정적인 역할을 했다 하여도 이후 통치과정에 이러쿵저러쿵 간섭하려 들지 마라. 스스로 공든 탑을 무너뜨리는 셈이다. 권력을 장악하는 데는 도움이 되었을지언정 그 권력의 일부 또는 전부를 위협해오는 인물을 반길 군주가 어디 있겠는가.

147

　새로 권력을 잡은 사람과 그의 집권에 결정적 역할을 한 사람의 관계는 결국 그 끝이 좋지 않다. 핵심 측근이란 대개 재능과 능력이 뛰어나며 저돌적인 성향의 사람이다. 이러한 점을 잘 알고 있는 군주는 일단 권력을 장악하고 나면 그를 가장 경계하게 된다. 또 측근의 입장에서는 자신의 공이 과소평가되고 응당한 보상을 받지 못했다는 생각에 불만을 품게 된다. 결국 군주와 공신 사이에는 의혹과 분노만 커져가는 것이다.

148

군주의 호의에 기대어 사는 사람은 늘 그의 모든 동작과 아주 사소한 신호까지 살피면서 언제라도 달려가 받들 태세를 보인다. 그러나 이러한 처신은 오히려 화를 불러올 수도 있으니 조심하라. 매사에 신중을 기하고 분별력을 유지하면서 직접 나서야 할 중요한 사안에서만 몸을 움직이도록 하라.

149

군주에게 등용되기를 바라고 있다면, 지속적으로 군주의 눈에 띌 수 있게 노력하라. 왜냐하면 일이란 갑자기 생겨나게 마련이므로, 늘 군주 곁에 있어야 당신을 기억해 일을 맡길 것이며 그렇지 않다면 그 일은 다른 사람에게 돌아갈 것이다.

150

군주나 통치자의 눈 밖에 나지 않도록 노력하라. 죄를 지은 적도 없고 예의 바르며 어떤 종류의 음모에도 가담할 리 없는 성향을 지닌 사람의 운명도 통치자의 손에 좌우되는 불가피한 상황을 맞게 될 수 있다. 하물며 통치자가 못마땅하게 여기는 사람이라면 대가는 끝없는 고통으로 이어질 것이다.

대사란 항상 군주의 편을 드는 것처럼 보이게 되고, 사람들은 그런 대사를 의심쩍은 눈으로 바라보게 된다. 하지만 대사들이 그렇게 하는 것은 군주의 일을 직접 처리하는 데다 누구보다 세부적인 일들을 잘 알고 있다고 여겨 자신의 중요성을 실제보다 부풀려 생각하기 때문일 수도 있다.

한편 군주의 입장은 이와 좀 다르다. 멀리 떨어져서 볼 때 오히려 사태 파악에 용이한 측면이 있으므로 군주는, 신하의 잘못을 빨리 찾아내기도 하고 자신의 잘못을 신하의 간계 탓으로 돌리기도 한다. 대사가 되고자 한다면 이러한 점들을 명심하라.

151

야심을 버리고 이제는 평화롭고 조용하게 살고 싶어서 권력과 지위를 미련 없이 버렸다고 말하는 사람이 있다면 그 말을 믿지 마라. 십중팔구 마음속에는 다른 생각을 품고 있으며, 불가피한 이유로 어쩔 수 없이 공직에서 물러났을 가능성이 크다. 그런 사람은 다시 복귀할 수 있는 아주 작은 기회만 주어져도 마치 마른 장작이나 기름에 불을 붙인 것처럼 맹렬히 달려들 것이며 그토록 사랑한다고 외치던 평화롭고 조용한 생활을 가차없이 버릴 것이다.

152

영리한 폭군에게는 겁 많은 사람보다는 용감하고 침착한 사람으로 평가받는 것이 좋다. 현명한 폭군은 침착하고 용감한 사람에 대해서는 조심을 하지만 겁쟁이는 함부로 대해도 된다고 생각하기 때문이다.

153

주도면밀한 폭군은 현명하면서도 겁이 많은 사람들을 선호한다. 또한 용감하긴 해도 조용한 성격의 사람이라는 판단이 서면 그를 싫어하지는 않는다. 영리한 폭군이 가장 싫어하는 것은 용감하면서 성급한 사람들이다. 그들을 만족시킬 수 없다는 생각이 들면 폭군은 결국 그들을 제거할 마음을 먹게 된다.

154

폭군과는 아주 절친한 사이보다 적당히 거리가 있는 친구 관계로 지내는 편이 더 낫다. 사회에서 존경을 받는 인물이라면 권력의 덕을 보게 될 것이며 그의 측근보다 더 큰 혜택을 누리는 경우까지 생긴다. 또한 거리를 유지했기 때문에 권력이 바뀐 뒤에도 자신을 보존할 여지가 여전히 남아 있다.

155

　선량한 사람이 폭군과 원만한 관계를 유지하는 것을 비난한다면 이는 옳지 않다. 폭군 치하에서 선량한 사람이 영향력을 행사할 수 있는 위치에 있으면 그 개인의 안전뿐 아니라 다수에게도 이로운 것이다. 폭군과 원만한 관계를 맺음으로써 그의 신임 아래 불행한 사태를 막고 일이 조금이라도 바르게 되도록 힘을 쓸 수 있기 때문이다. 무지하고 격정적인 피렌체 사람들은 언제나 이와 반대로 생각하지만, 메디치 가문 주위에 어리석고 사악한 자들만 있었다면 얼마나 큰 재앙을 불러왔을지 그들은 인정해야 한다.

156

　야만적이고 잔인한 폭군에게서 자신을 지키는 방법은 단 한 가지밖에 없다. 전염병을 피할 때와 같이 가능한 한 아주 멀리 그리고 가능한 한 재빨리 달아나는 것이다.

폭군은 당신이 속으로 무슨 생각을 하고 있는지, 자신의 통치 스타일에 대해 만족하는지 아닌지를 알아내려고 온갖 노력을 다한다. 친근하게 대하며 긴 대화를 나눠보기도 하고 주위에 사람을 심어 예의주시하기도 한다. 이런 모든 함정에서 자신을 지키는 일은 쉽지 않다. 폭군에게 속내를 들키고 싶지 않다면, 생각 자체를 조심해서 하라. 그리고 꼬투리가 될 만한 모든 계략들에 대해서도 최선을 다해 자신을 방어하라. 의심을 부추길 만한 말을 해서는 안 되며 가장 가까운 친구들에게 말할 때조차 조심해야 한다. 그가 당신의 생각을 알아내기 위해 애쓰는 만큼 당신은 당신의 생각을 숨기기 위해 열심히 노력하라. 덫에 걸리게 하기 위한 모든 방법이 동원되고 있다는 점을 늘 명심한다면 성공할 수 있을 것이다.

158

독재 권력의 핵심에 너무 가까이 있지 않도록 조심하라. 사람들의 의심을 사고 미움을 받게 된다. 그렇다고 권력과 가까울 때 얻는 모든 이득을 포기하고 물러나라는 말은 아니다. 악명을 떨쳤거나 주요 인물들을 해친 게 아니라면, 정권이 바뀌어 원성의 근원이 제거된 뒤에는 점차 다른 혐의들에서 벗어나면서 악평도 잠잠해질 것이고, 지레 염려했던 파멸이나 치욕의 상태에 있게 되지도 않을 것이다. 물론 권력으로부터 멀리 떨어져 있던 사람들이 지켜낸 명성과 똑같을 수는 없다.

159

새 정부의 수장이 될 심산이거나 부득이하게 관여할 수밖에 없는 처지가 아니라면 정권을 바꾸는 음모를 꾀하는 것은 매우 어리석은 일이다. 실패하면 신변이나 재산이 모두 위태로워질 것이며, 성공한다 해도 처음 기대했던 것의 극히 일부만 얻을 것이기 때문이다. 득보다 실이 훨씬 많은 게임을 하는 것은 미련한 짓이다. 게다가 더 심각한 것은 혁명이 성공한다 해도 끊임없는 고민, 즉 새로운 혁명에 대한 두려움에 시달려야 한다는 점이다.

단지 권력자의 얼굴만 바꿔놓는 혁명에 시간을 낭비하지 마라. 메디치 가문의 조반니 다 포피를 물러나게 하고 그 자리에 베르나르디노 다 산 미니아토를 앉힌다고 해서 나아질 게 무엇인가? 자질이나 능력이 거기서 거기인 새 권력자의 등장은 불만의 근본 원인을 조금도 해소시켜 주지 못한다.

Giovanni da Poppi; 우르비노 공작(duke of Urbino)으로 로렌초의 비서를 지냈다.

Bernardino da San Miniato; 로렌초의 제노아 주재 무관

161

　음모는 여러 사람이 함께 도모하지 않으면 성사될 수 없다. 그러다 보니 음모에는 엄청난 위험이 따른다. 대개 이런 일에 가담하는 사람들은 어리석거나 사악하며 입을 다물 줄 모르고 어떻게 행동하는 것이 좋은지도 모르는 사람들이기 때문이다.

162

　굳이 음모에 가담할 수밖에 없다면 단 한 가지 사실을 명심하라. 철두철미하게 준비하고 성공을 확신하는 단계까지 안전하게 하고자 애쓸수록 반드시 실패하게 된다는 점이다. 그렇게 하려면 시간도 충분해야 하고 더 많은 사람을 끌어들여야 하며 아주 유리한 상황으로 만들기 위해 계획은 점점 더 복잡해지게 마련이다. 사업에서는 안전성을 더해주는 이 모든 과정이 음모의 경우에는 오히려 발각될 가능성만 키울 뿐이다.

163

모반을 꾀할 때는 절대 편지로 연락을 주고받지 말라. 그런 편지들은 도중에 가로채여 옴짝달싹할 수 없는 증거로 이용되기 쉽다. 편지보다는 오히려 심복을 이용하는 편이 더 안전하다. 하지만 전적으로 믿고 맡길 수 있는 심복들이란 그리 많지 않으며 그나마 있는 심복들마저도 완전히 신뢰하기는 어렵다. 군주를 위해 주인을 배신하면 심복이 얻을 것은 너무나 많은 반면 잃을 것은 별로 없기 때문이다. 음모에 연루되는 것 자체가 어렵고 위험한 이유도 바로 여기에 있다.

혼자 힘으로 할 수만 있다면 나는 내가 싫어하는 정권을 바꾸기 위해 기꺼이 노력할 것이다. 그러나 이런 일에는 반드시 다른 사람들의 도움이 필요한데, 그 사람들의 대부분은 경솔하며 어리석고 제정신이 아닌 경우가 많다. 다시 생각해보면 내가 그 무엇보다 싫어하고 피하고 싶은 것은 바로 그런 사람들과 어울리는 것임을 깨닫게 된다.

피렌체 사람들의 어리석음은 그들이 반란자를 처벌하려는 어떤 노력도 기울이지 않는다는 것만 봐도 알 수 있다. 무기를 내리고 투항해 오기만 하면 폭도들을 사면하기 위해 온갖 노력을 다 한다. 이런 식으로는 오만한 무리를 제압하기는커녕 양처럼 순했던 사람마저 사자로 만들 것이다.

164

최고 통치자의 자리에 오를 꿈도 꿀 수 없는 처지라면 정권에 너무 깊이 관여해 자신의 모든 운명을 정권의 운명에 맡기는 것은 미친 짓이나 다름없다. 망명을 불사하는 것은 더욱더 무모하다. 우리는 아도르니파나 프레고시파처럼 당파의 우두머리가 아니기 때문에 아무도 우리를 환대해주지 않을 것이다. 베르나르도 루첼라이의 사례가 이를 충분히 입증해준다.

베르나르도 루첼라이(Bernardo di Giovanni Rucellai; 1448-1514)는 로렌초 데 메디치의 누이 난니나 데 메디치와 결혼했으며, 교황 레오 10세와 교황 클레멘스 7세의 숙부이기도 하다. 로렌초 대공의 고문을 지냈으며, 1494년 로렌초 대공이 죽은 뒤에는 장남 피에르 데 메디치의 고문으로 일했지만, 피에르가 몰락하면서 권력에서 완전히 밀려났다.

아도르니파나 프레고시파 당파는 1339년부터 1528년까지의 혼란기에 번갈아 제노바 총독을 지냈다. 서로 강력한 라이벌이었기 때문에 한쪽이 집권하면 다른 쪽은 망명길에 올라야 했으며, 다시 돌아오기 위해서는 음모를 꾸며야 했다. 당시에 제노바는 밀라노의 지배를, 그 후에는 프랑스의 지배를 받았는데, 아도르니는 밀라노를 위해 통치했고 프레고시는 프랑스의 샤를 8세와 루이 12세를 위해 일했다. 그 후 안드레아 도리스가 정권을 잡고 프랑스로부터 제노바를 해방시키자, 이 둘은 혼란과 학살에 휩싸이면서 제노바에서 이름이 사라지고 말았다.

165

항상 승리하는 쪽에 속해 있기를 신에게 기도하라. 설령 아무것도 한 일이 없다 해도 더불어 신망을 얻을 것이다. 반면에 패배하는 쪽에 속했다면 자신과 전혀 상관없는 일에 대해서까지 숱한 비난을 받게 된다.

젊은 시절 오락이나 춤, 노래, 기타 잡기를 최대한 익혀두라. 고위직 인사에게는 이런 기술이 여러 면에서 유용하다. 군주의 호감을 사기도 쉽고 커다란 부와 지위를 얻는 발판이 되기도 한다. 또한 아무런 취미도 재주도 없는 사람은 중요한 무언가가 결여된 것처럼 보이게 된다.

나는 11년간 교황청 국가의 정부에서 일했으며 상관이나 백성들로부터 우호적인 평을 들어왔다. 1527년 사건이 일어나지 않았더라면 아마 좀 더 일했을 것이다. 재임 동안 나는 자리에 연연하지 않았기 때문에 오히려 내 지위를 확실히 보장받을 수 있었다. 두려워하거나 비겁하게 구는 일 없이도 내 임무를 온전히 수행할 수 있었고 나의 명성도 그에 걸맞게 높아갔다. 그리고 그 명성 하나로 나는 친분 관계나 우정 또는 다른 수단으로 얻을 수 있는 것보다 훨씬 크고 귀한 대접을 받았다.

1527년 5월 로마는 카를 5세의 신성로마제국에 의해 약탈당했다 (소위 '로마의 함락'). 클레멘스 7세는 카스텔 산탄젤로에 잠시 감금되었다가 마침내 항복하고 말았으며, 같은 달 메디치가는 피렌체에서 추방당했다

167

　자기 자신이나 주변 사람의 승진 등 군주의 호의를 사야 할 일이 있다면, 그러한 바람을 군주에게 너무 자주 직접적으로 드러내지 않도록 조심하라. 오히려 교묘하게 제안하고 설명할 수 있는 기회를 기다렸다가 결정적인 순간을 잘 활용해야 한다. 그렇게 하면 군주를 성가시게 하는 일 없이 손쉽게 목적을 이룰 수 있을 것이다. 게다가 한번 총애를 입으면 이후에는 더 자유롭게 그리고 더 능숙하게 다른 것들도 얻을 수 있게 된다.

168

다른 사람의 뜻대로 움직여야만 하는 상황에 놓이지 않도록 늘 조심하라. 그렇다는 것이 알려지면 사람들은 당신을 결코 존중하지 않을 뿐만 아니라 어떻게든 이용하려고만 들 것이다. 일반적으로 사람들은 이성적 판단이나 상대의 입장, 당위성에 따라서가 아니라 자신의 이해관계 또는 사악한 성격에 따라서 행동한다. 죄책감도 이를 막지는 못한다. 아마 이 교훈을 명심했더라면 지금 국외로 추방된 많은 사람의 운명이 달라졌을 것이다. 군주에 대한 충성심 때문이라 해도 멀리 떠나 있는 것은 별로 득이 될 게 없다. 오히려 군주가 "저 사람은 내가 없으면 힘도 없다."고 말하게 된다면, 결국 큰 해를 입는 것은 그 사람이다. 군주는 그를 신경도 안 쓸 것이며 내키는 대로 그를 취급할 것이다.

169

적을 만들까 봐 또는 다른 사람을 불쾌하게 할까 봐 염려하느라 자신의 책임을 소홀히 하는 일은 없어야 한다. 책임을 다하면 명성은 자연히 따라오게 마련이며 이는 순간의 적이 주는 피해보다 훨씬 유익하다. 이 세상 누구나 가끔씩 남을 불쾌하게 만드는 일을 저지른다. 누군가를 기쁘게 하는 일이나 누군가를 불쾌하게 하는 일이나 원칙은 같다. 이성적으로, 적당한 때를 봐서, 적절하게, 타당한 이유를 가지고, 명예로운 방법으로 해야 한다.

170

공화국 체제에서는 특정 가문에 권세가 집중되는 것이 우리 같은 가문의 입장에서는 더 낫다. 그들이 사람들로부터 원성을 사기 때문에 우리는 그 덕을 볼 수 있다. 그들이 망해버리면 대중은 우리 같은 사람들에게 증오의 화살을 겨누게 될 것이다.

사람들의 환심을 사고 싶다면 튀지 않게 행동하라. 일상 생활과 아주 사소한 일들에서조차 남들보다 우월해 보이 거나 더 세련되게 보이려고 해서도 안 된다. 인간의 시기 심은 조금이라도 튀는 사람은 모두 미워하게 만든다.

사람들의 환심을
사고 싶다면
튀지 않게 행동하라

너무 늦었다고
생각하는 때가 가장
적절한 때일 수 있다.

정치는 국민들
삶의 필수조건이다

싫어하는 티를
내지마라

제6장 정치론

한 나라의 멸망은
대부분 통치자의 실정
때문에 일어난다

사람의 마음은
이익의 기대감에
더 쉽게 움직인다

원하는 것을 얻을
기회가 왔을 때 주저하지
말고 손에 넣어라

172

무능한 정부가 끼치는 폐해는 실로 엄청나다. 그러나 실제로는 이런 폐해의 원인에 대해 너무나 무지해 이것들이 잘못된 정책에서 비롯되었다고 생각하지 않으며 미숙한 지도자들이 얼마나 큰 피해를 주는지를 깨닫지 못하는 경우가 많다. 그래서 우리는 번번이 무능력한 사람들이 지배하도록 방치하는 실수를 반복한다.

173

자유의 최대 목적은 그 누구도 다른 사람의 억압을 받지 않도록 막아주는 데 있다. 즉 정의를 세우기 위해 존재하는 것이다. 한 사람이나 소수의 집단이 나라를 다스리더라도 정의만 제대로 보장된다면 우리는 더 많은 자유를 갈망하지 않아도 될 것이다. 고대의 현자들과 철학자들이 자유를 외치는 정권을 창찬하기보다는 오히려 법과 정의의 확립을 보장해주는 정권을 더 선호한 것도 이러한 이유 때문이었다.

174

사람과 마찬가지로 국가의 생명도 유한하다. 다만 둘 사이에는 차이가 있다. 아무런 잘못을 하지 않아도 결국 한 줌 흙으로 돌아갈 육체를 가진 인간과 달리 국가는 갑자기 닥친 불운이나 잘못된 정치, 즉 통치자의 어리석음 때문에 망한다. 하지만 단지 불운 때문에 국가가 멸망하는 경우는 극히 드물다. 한 나라의 멸망은 거의 대부분 통치자의 실정 때문에 일어난다.

175

한쪽 극단을 피하기 위해 거기서 멀어질수록 오히려 자신이 두려워하던 다른 극단에 더 가까워지곤 한다. 또한 자기가 가진 것을 이용하려고 하면 할수록 그것을 더 빨리 잃어버리거나 더는 이용할 수 없게 된다. 시민의 지지에 기반을 둔 정권이 독재를 피하기 위해 무한정 자유를 주는 쪽으로 기울수록 더 쉽게 독재체제로 전락하게 되는 것이 대표적인 예이다.

176

공화국에서는 한 시민의 명성이 다른 시민들보다 훨씬 더 높다고 해서 다른 시민들의 평등이 위협받지는 않는다. 물론 그의 명성이 다른 사람들의 사랑과 존경에서 우러나온 것이며 각자 원하는 바에 따라 그에게 사랑과 존경을 바치지 않을 수도 있는 그런 경우에는 말이다. 피렌체의 바보들이 이를 잘 이해한다면 우리 피렌체를 위해서도 참이로울 것이다.

나라는 유능하고 자격을 갖춘 사람들이 다스려야 한다. 시민의 자유란 올바른 법과 질서의 준수로 보장되는 것이지 모두 다 정치에 참여한다고 해서 되는 것은 아니다. 군주제나 과두체제와 달리 공화국 체제에서는 시민의 자유와 안정된 정부가 확고하게 보장될 수 있다. 그런데 바로 이점 때문에 우리 공화국은 늘 심각한 시련에 시달리고 있다. 사람들은 자유와 안전에만 만족하지 않고 정치에도 관여하고 싶어 하기 때문이다.

한 명의 좋은 사람이 다스리는 체제가 소수 또는 다수가 다스리는 체제보다 낫다는 것은 누구나 인정하는 바이다. 권력을 잡은 사람들이 한결같이 좋은 사람들이라 해도 그렇다. 또한 누구나 1인 통치가 다른 체제들보다 더 쉽게 변질될 수 있고 그렇게 되면 그 어떤 것보다 나쁜 상황이 된다는 것을 인정한다. 1인 통치는 주로 세습의 형태로 유지되는데 현명한 아버지가 자기와 비슷한 아들을 두는 경우가 드물기 때문에 이러한 변질이 유난히 쉽게 일어나는 것이다.

메디치 가문의 코시모 직계가 아니라면 피렌체 사람 누구도 정부의 수장이 될 수 있을 거라고 믿어서는 안 된다. 그 누구도 최고 통치자가 될 만큼 충분한 지지나 기반을 가지고 있지 않으며 메디치 가문조차 권력을 유지하기 위해서는 교황청의 지지가 있어야 하는 실정이다. 다만 피에로 소데리니처럼 시민의 지지에 기반을 둔 정부가 수장으로 추대하는 경우는 예외이다. 그러므로 메디치 가문이 아니면서 그런 지위에 오르고자 하는 사람은 시민과 손을 잡는 방법밖에 없다.

179

　정부의 형태는 크게 세 가지로 구분된다. 한 사람이 다스리는 독재, 소수가 다스리는 과두체제, 그리고 다수가 다스리는 공화 체제이다. 나는 우리 도시에 가장 안 좋은 것은 과두체제라고 생각한다. 소수 지도자들 사이의 야망과 갈등은 독재만큼이나 해롭다. 독재자가 행하는 좋은 일은 하나도 보여주지 못한 채 나라를 급속히 분열시키기만 할 것이다.

180

　독재자의 권력은 시민들의 피를 영양분 삼아 굳건해진다. 그러니 누구도 이러한 체제가 자기 도시 안에 들어서지 못하도록 노력하다.

속국에서 태어나지 않는 것이 가장 좋겠지만, 부득이하게 속국에서 태어날 운명이라면 공화국보다는 군주의 속국이 차라리 낫다. 공화국은 속국의 모든 시민을 억압하고 자기 나라의 시민에게만 권력을 나눠준다. 반면에 군주는 자기 나라든 속국이든 모두 자신의 지배를 받는다는 점에서는 같기 때문에 비교적 평등하게 대하는 편이다. 군주의 속국에서는 누구나 군주의 혜택과 등용의 가능성을 기대해볼 수 있다.

권력을 가진 사람들이 저지르는 범죄는 대부분 의심에서 시작된다. 누군가 권력을 잡으면 별 이유나 명분도 없이 그를 흠집을 내려고 달려드는 이들이 있는데 사람들은 이들을 결코 달가워하지 않는다. 그러한 행동이 의심과 불신을 불러오고 결국 독재라는 악을 낳게 되기 때문이다.

나는 메디치 가문이 1527년에 실권한 것은 공화국의 제도들을 너무 많이 참고했기 때문이며 당국이 강력한 통제권을 가질수록 시민들의 자유가 위협받는다고 생각한다. 그 근거는 다음과 같다. 많은 시민의 반감을 산 메디치 정권이 권력을 유지하기 위해서는 헌신적인 지지층이 필요했다. 정권의 덕을 크게 보지만 정권이 몰락하면 같이 파멸할 운명임을 아는 사람들 말이다. 그러나 이런 지지자를 얻기란 매우 어려웠다. 메디치 사람들은 늘 공정한 듯 보이기 위해 애쓰면서 고위직에서 말단까지 모두 후하게 나눠주는 버릇이 있었기 때문이다.

그와 반대로 했더라도 욕을 먹었겠지만, 아무튼 메디치 가는 그렇게 함으로써 결국 지지층을 확보하는 데 실패했다. 그들이 취한 조직에 대다수 시민이 만족스러워했지만 진심으로 정권을 따르지는 않았다. 시민들의 마음속에 **공화국 대평의회(Grand Council)**로 돌아가려는 욕구가 강하게 자리잡고 있었기 때문에 온화하고 친절하게 혜택을 많이 베푸는 것으로는 이를 누그러뜨릴 수 없었다. 메디치 가의 친구들 역시 우호적이라 해도 정권을 위해 위험을 무릅쓸 만큼 강하게 묶인 것은 아니었다. 1494년 메디치 가문이 추방되었을 때 이미 확인했듯이 그들은 위기가 닥치면 처신을 잘해 살아남는 것에만 관심을 가졌다. 그러다 보니 정권에 대한 공격에 대항하려고 하기보다는 수수방관하는 쪽을 택하게 된 것이다.

공화 정부는 메디치 정권이 했던 식과 반대로 해야 한다. 일반적으로 피렌체 사람들이 선호하는 것은 공화 정부이다. 그 체제는 한 사람 또는 소수가 분명한 목적을 달성하기 위해 전체를 몰고 가는 식이 아니라 통치자의 수 때문에 그리고 그들의 무지 때문에 날마다 정책이 바뀐다. 그래서 공화 정부는 정권 유지를 위해 시민들의 지지가 필수적이다. 또한 시민들 사이의 분쟁이나 갈등에 휘말리지 않도록 가능한 모든 것을 해야 한다. 그렇지 않으면 의지할 데 없는 시민들은 혁명에 눈을 돌리기 시작할 것이다.

한마디로 공화 정부는 정의와 평등의 길을 걸어야만 한다. 사람들의 안전과 만족은 바로 여기서 나온다. 더욱이 정의와 평등의 실현은 참을성 없는 몇몇 무리에 의해서가 아니라 대다수 지지자들의 도움으로 정권이 유지되는 기틀을 마련해줄 것이다. 공화 정부는 강력한 통제를 할 수 없다. 만일 그렇게 하고 있다면 이미 다른 형태의 통치 체제로 변질되고 있는 것이다. 그리고 그런 체제는 자유를 지켜주는 것이 아니라 오히려 파괴하고 말 것이다.

공화국 대평의회는 메디치 정권이 추방당한 1494년에 설립되었다. 5만 5천 명의 피렌체 시민들 가운데 선거권을 가진 3000명이 평의회 의원 80명을 선출했으므로 우리의 시각으로 보면 그리 민주적이라 할 수 없었다

183

정치 권력은 속성상 양심의 소리를 따를 수가 없다. 그 근본을 살펴보면 모든 권력은 폭력에 뿌리를 두고 있다. 공화국의 경우에도 고유 영토 안에서만 합법적인 권력이며, 다른 영토에 대해서는 마찬가지로 폭력성에 근거를 둔다. 성직자들도 예외는 아니다. 속세의 무기와 정신적인 무기를 동시에 사용하기 때문에 그들의 폭력은 다른 권력에 비해 훨씬 더 심하다.

184

세력가들은 사람들에게 약속을 남발해 기대를 부풀려 놓은 뒤 그들을 자기 마음대로 조종하려 든다. 그러니 그들이 칭찬하거나 부추기는 말을 할 때는 거기에 현혹되지 않도록 조심하라. 그들의 말이 그럴듯하게 다가올수록 쉽게 넘어가지 않기 위해 정신을 바짝 차려야 한다.

우리는 악법이니 잘못된 관행을 고쳐야 할 때마다 그것과 정반대되는 조치나 규정으로 해결하려 든다. 그러나 모든 극단이란 잘못된 것이므로 새 결함들이 드러나게 되고 이를 위해 다른 법이나 규정이 또 필요해지는 상황이 생긴다. 날마다 법을 뜯어고치는 이유 가운데 하나가 여기에 있다. 올바른 치유책을 찾기보다는 잘못된 것을 피하기 위해 애쓰는 셈이다.

아무리 대단한 위력을 가졌다 해도 오늘날의 메디치 가문은 그의 조상들보다 피렌체를 통치하기가 훨씬 어려운 조건 아래 있다. 극소수의 사람들에게 권력이 집중되던 예전에는 누가 권력을 잡든 시민들로서는 별로 상관없는 일이었다. 그러니 권력자는 아주 적은 지지만으로도 정부를 장악하고 권력을 유지할 수 있었으며 아직 자유를 모르고 있던 시민들의 비위를 건드릴 일도 없었다. 실제로 당시에는 권력 다툼과 혁명이 일어날 때마다 하층 시민들의 생활형편이 잠시나마 더 나아지기도 했다. 그러나 지금은 다르다 1494년부터 1512년까지의 공화국을 경험한 시민들은 그 강렬한 기억을 마음속에 새기게 되었으며, 이제 권력을 독차지하려는 사람을 미워하게 되었다. 자기들에게 속한 당연한 것을 그가 앗아간다고 생각하는 것이다. 자비를 베풀고 지위와 훈장을 나누어준다고 해서 시민들의 자유를 살 수는 없게 되었다.

대표적 인물이 코시모 데 메디치(1389~1464)이다. 뛰어난 능력으로 가문의 정치적 기반을 확고히 한 그는 '국부'(國父, Pater Patriac)라는 칭호까지 얻었다. 피에로 데 메디치(1471~1503)가 프랑스 샤를 8세의 침공에 굴복하자 시민들은 반(反) 메디치 운동을 벌여 그를 추방하고 공화국을 세웠으며, 이는 1512년 교황의 세력을 힘입은 메디치 가문이 재집권할 때까지 지속되었다.

186

천하를 다스리며 대단한 영광 속에 살았던 로마인들이 그들의 황제 앞에서 얼마나 비굴했는지는 코르넬리우스 타키투스가 쓴 『로마사』에 잘 나와 있다. 그래서 오만한 폭군인 티베리우스는 그들을 쓰레기 취급해 불쾌하게 여겼다. 로마인들도 그랬을진대 하물며 우리들이 비굴해지는 것에 대해 놀랄 사람이 누가 있겠는가.

187

사건마다 배경과 상황이 모두 다르기에 법률이 그 세부적인 것을 모두 규정하기란 불가능하다. 따라서 법은 판사에게 모든 사실관계를 고려해 옳다고 믿는 판결을 내리게끔 재량권을 주고 있다. 자신의 결정에 대해 판사는 그 누구에게도 책임을 질 필요는 없다. 그렇다고 판사가 제멋대로 판단을 해도 된다고 생각하면 오산이다. 법은 특정인에게 권리를 더 주거나 뺏을 수 있는 권한이나 다른 사람의 재산에 피해를 줄 수 있는 권한을 그에게 허락하지 않았다.

독재적 통치체제가 공화 정치의 방식을 따르면 실패하기 쉽다. 메디치 가문이 모든 시민에게 공직 참여의 기회를 제공한 것이 대표적인 예이다. 독재체제는 소수의 열성 지지로 유지되어야 하는데 메디치 가문은 그렇게 함으로써 친구도 잃고 지지세력도 얻지 못했다.

마찬가지로 공화 정부가 일부 시민 계층을 정치에서 배제하는 식으로 독재적 방식을 따른다면 이 또한 잘못이다. 공화국은 다수의 만족을 기반으로 유지되는 체제인데, 나라를 부강하게 만드는 방식은 버리고 국민의 미움을 사는 방식을 모방한다는 것은 미친 짓이나 다름없다.

나의 아버지는 피렌체의 최고 지도자인 **피에로 소데리니**에게 메디치 가문의 사람들을 평범한 시민으로 복권시키라고 조언한 적이 있다. 이는 참 옳은 충고였다. 망명자들은 국가를 가장 위협하는 존재가 되기 때문에, 메디치 사람들을 받아들이면 망명자 문제가 저절로 해결되며 그들이 나라 밖에서 힘을 갖지 못하게 할 수 있다. 그들이 돌아왔을 때 평범한 신분으로 살아가야 한다는 것을 깨닫는다면 그들 스스로 기꺼이 머물려 하지 않을 것이다. 또한 피렌체 안에 지지 세력이 클 것이라고 믿었던 다른 군주들은 그들이 돌아가서도 기세를 떨치지 못하는 것을 보면 더 이상 그들을 존중하지 않을 것이다.

피에로 소데리니는 그 충고를 받아들이지 않았다. 아마 그 자리에 소데리니보다 더 똑똑하고 용감한 인물이 있었다면 그 충고를 받아들였을지도 모른다.

피에로 소데리니(Piero Soderini; 1450-1522). 사보나롤라 체제가 무너지고 들어선 공화 정부는 1502년 그를 종신직 수반으로 임명했다. 마키아벨리는 그를 시민형 군주의 모델로 삼기도 했다.

소데리니의 평범함을 비꼬는 것으로, 이는 마키아벨리의 풍자시에서도 잘 나타나 있다. (피에로 소데리니가 죽은 그날 밤 / 그의 영혼은 지옥의 문턱에 다가섰다네 / 그리고 지옥의 신 플루토가 울부짖었네 / "어리석은 영혼이여! 네가 지옥에서 할 일이 무엇인고 / 냉큼 세례 받지 못한 애들의 영혼이 머무는 곳으로나 갈지어다.

189

아주 신속하게 그리고 대충 판결을 내리는 터키식의 재판도 그리 나쁘지 않은 것 같다. 기독교 국가에서 하는 재판은 시간과 비용이 너무 많이 들고 당사자들을 파김치로 만들기 때문에 재판에서 마침내 이기는 것보다 소송 첫날 지는 게 더 이익이라고 여겨질 정도이다. 터키식 재판이 건성으로 이루어진다 해도 반은 맞을 것이다. 또 우리 판사들의 무지와 악의에 비추어 볼 때 터키의 판결이라고 해서 더 부당하지는 않을 것 같다.

190

죽기 전에 보고 싶은 것이 딱 세 가지 있다. 질서와 안정을 갖춘 공화국의 수립, 모든 야만인들로부터 해방된 우리나라. 사악한 성직자들의 독재가 사라진 세상이 그것이다. 아무리 오래 산다고 해도 과연 이 중 한 가지라도 보게 될지 의문이다.

원래 공화정이란 온갖 결함과 잘못의 가능성을 지니고 있다. 그럼에도 우리 도시의 현명하고 선량한 시민들이 공화정을 선호하는 이유는 그것이 더 낫기 때문이 아니라 덜 나쁘기 때문이다.

사람들의 환심을
사고 싶다면
튀지 않게 행동하라

너무 늦었다고
생각하는 때가 가장
적절한 때일 수 있다.

결국 인간이 하는 것이다

싫어하는 티를
내지마라

제7장 **인생론**

한 나라의 멸망은
대부분 통치자의 실정
때문에 일어난다

사람의 마음은
이익의 기대감에
더 쉽게 움직인다

원하는 것을 얻을
기회가 왔을 때 주저하지
말고 손에 넣어라

192

이런 일을 했더라면 이런 일이 일어났을 것이라든가, 이런 일을 하지 않았더라면 이런 일도 일어나지 않았을 것이라는 말을 우리는 얼마나 자주 듣게 되는가! 만약 그런 말들을 시험해볼 수만 있다면, 그것이 얼마나 새빨간 거짓말인지 알 수 있을 것이다.

193

일을 더 잘해보겠다고 지나치게 많은 시간을 들이지 마라. 원하는 방식으로 정확하게 일을 하려고 애쓰다가 정작 좋은 기회들을 놓치는 경우가 허다하기 때문이다. 심지어 마침내 해냈다고 생각하는 경우마저도 나중에 틀렸다는 것을 깨닫게 된다. 세상 만물은 본래 거의 모두 약간씩 부족한 부분이 있기 때문에 그냥 있는 그대로 받아들이고 결함이 가장 적은 게 좋은 것이라고 생각해야 한다.

194

"운명은 자신을 기꺼이 따르려는 사람은 인도해주며, 거역하려는 사람은 억지로 끌고 간다." 이보다 더 맞는 말을 이제껏 나는 듣지 못했다. 어리석은 사람이든 현명한 사람이든 반드시 일어나지 않으면 안 되는 일에 대해서는 거스를 도리가 없다.

195

이 세상의 모든 일들에 대해 예외를 인정하지 않고 단언하거나 책에 실린 고지식한 원칙만을 고수하려 한다면 이는 크게 어리석다. 대부분의 경우, 그것이 처한 여건이 다르기 때문에 차이와 예외가 생겨난다. 이 모든 상황을 포용할 수 있는 단 한 가지 동일한 원칙이란 없다. 그리고 모든 차이와 예외들이 책에 기록될 수도 없다. 그런 것들은 분별과 지혜를 통해 배울 수밖에 없다.

전쟁 중에는 매우 불리한 상황이라고 생각하게 만드는 소식에 이어 승리를 약속해주는 것처럼 보이는 다른 소식이 잇달아 들려오는 경우가 많다. 어떤 때는 좋은 소식이 먼저 전해지고 곧바로 불길한 소식이 전해지기도 한다. 그러니 좋은 소식에 너무 기뻐할 것도 아니고 나쁜 소식에 너무 기가 죽을 것도 아니다. 유능한 지휘관은 쉽게 낙담하거나 너무 자신감에 넘쳐서도 안 된다.

197

모든 사물이나 상황은 생각처럼 단번에 끝나지 않는다. 서서히 악화되는 과정을 거치는데, 이 과정은 일반적으로 생각하는 것보다 훨씬 오래 걸린다. 매사의 진행 속도가 사람들의 생각보다 더디기 때문이기도 하고, 사람들이 완강하게 버티면서 예상을 뛰어넘는 많은 일들을 감당하고 성취해내기 때문이기도 하다. 시한부 선고를 받은 환자나 적군에 포위되어 함락 위기에 놓인 도시, 어음과 이자로 버티는 사업가의 파산 과정도 마찬가지이다.

1457년 이전의 기록에서 나는 어느 현명한 시민이 "피렌체가 국가 부채를 해결하지 못하면 파산하고 말 것이다."라고 적어놓은 메모를 발견했다. 부채를 줄여나가지 않으면 이자 때문에 걷잡을 수 없는 상태에 이를 것이라고 정확하게 진단한 것이다. 그 상태가 아주 오래 지속되고 있지만 아직 그가 말한 혼란은 일어나지 않았다. 그가 생각한 것보다 아주 더딘 속도로 진행되고 있는 게 분명하다.

198

　당신이 만약 어떤 일을 깊이 생각해보지 않아도 직관적으로 파악할 수 있다고 생각한다면 이것은 전적으로 틀린 생각이다. 무슨 일이든 심사숙고할수록 더 잘 이해하게 되고 더 잘 처리할 수 있다.

199

　현명한 사람은 모두 겁이 많다는 옛말이 있다. 모든 위험을 너무 잘 알아 두려워한다는 것이다. 그러나 나는 그런 사람을 현명하다고 부르는 데 동의하지 않는다. 현명한 사람은 위험에 상응하는 두려움만 갖는다. 겁이 많은 사람은 자신이 파악한 모든 위험을 계산에 넣고 최악의 결과를 예상하지만, 용감한 사람은 그 모든 위험들이 반드시 닥치지는 않는다는 것을 알고 있다. 인간의 노력으로 피할 수도 있고 우연히 해소될 수도 있다고 생각하면서 희망을 잃지 않고 자기 길을 가는 것이다.

200

인생이 짧은 것은 사실이다. 그러나 시간을 낭비하지 않고 잘 활용하는 사람의 시간은 항상 넉넉하다는 사실을 명심하라. 사람의 본성이란 매우 광범해 유능하고 단호한 의지를 가진 사람은 많은 일을 성취하게 된다.

201

기쁨이나 분노의 감정이 이끄는 대로 자신을 내맡기고 그런 감정을 밖으로 배출하면 속이 후련해지고 위안이 되기도 한다. 그러나 이는 결과적으로 해를 불러오는 행동이다. 어렵더라도 참는 것이 현명하다.

202

미래의 일이란 너무도 불확실할 뿐 아니라 수많은 우연에 좌우되기 때문에 세상에서 가장 똑똑하다는 사람들의 예측마저도 틀리는 일이 허다하다. 미래의 불행이 불 보듯 뻔하거나 코앞에 닥쳤거나 현재의 행복에 비해 지나치게 큰 것이 아니라면, 미래에 닥칠지도 모르는 불행 때문에 현재 누릴 수 있는 행복을 포기하는 것만큼 어리석은 일도 없다. 공연한 두려움에 떨다가 모처럼 손에 넣을 수도 있었을 행복을 놓치고 말 것이다.

로마공화국의 명장 **파비우스 막시무스**는 잘 알려진 대로 매사에 머뭇거리는 성격이었다. 그는 전쟁에서 성급한 행동은 파멸을 초래하며 지연 작전이야말로 효과적이라는 사실을 깨달았다. 다른 시대라면 과감하고 신속한 행동이 더욱 효과적이었을지도 모르지만, 당시는 그가 가진 자질이 요구되던 때였고 바로 그 점이 그에게는 행운이었다. 시대의 요구에 맞추어 자신의 본성을 바꿀 수 있는 사람이 있다면 그는 분명 운명의 지배를 덜 받을 것이다.

퀸투스 파비우스 막시무스 (Quintus Fabius Maximus; B.C. 275-203)는 로마 공화국 시대의 정치가, 장군으로 제2차 포에니 전쟁 기간 중 독재관과 집정관을 맡아 한니발의 군대에 맞섰다. 그는 정면 대결은 피하면서 끈질기게 한니발의 뒤를 추격하는 지구 전술을 구사한 것으로 유명하다.

무자식이 상팔자라는 말은 가히 틀리지 않다. 아무리 착하고 똑똑한 자녀라 해도 부모에게는 위안이 아니라 골칫거리이기 마련이다. 우리 아버지도 마찬가지였다. 똑똑한 자식들을 두었으니 피렌체에서 가장 행복한 부모일 것이라고 사람들이 입을 모아 말했지만, 곰곰이 생각해보면 우리는 아버지에게 언제나 골치 아픈 존재들이었다. 그러니 심지어 못된 자식을 둔 부모의 경우는 얼마나 불행한지 한 번 생각해보라.

살면서 가장 어려운 일을 꼽으라면 아마 딸을 훌륭한 집안에 시집보내는 일이 아닐까 싶다. 남자란 모두 자신을 과대평가하는 버릇이 있어서 끝없이 눈만 높아지게 된다. 기꺼이 받아들여야 할 사윗감마저도 거절하는 아버지들은 실제로 많이 보았다. 모름지기 딸을 둔 아버지는 사위의 조건뿐 아니라 자신의 처지에 대해서도 냉정하게 파악할 수 있어야 한다. 물론 나 역시 이러한 점을 잘 알고 있지만 그대로 실천한다고 장담할 수는 없다. 다른 남자들처럼 스스로를 과대평가하는 우를 결코 범하지 않으리라는 보장도 없다. 그렇다고 이 조언을 잘못 받아들여서 프란체스코 베토리처럼 딸을 달라고 맨 처음 요청한 사람을 무조건 사위로 삼아서도 안 될 것이다.

Francesco Vettori(1474-1539). 피렌체의 외교관이자 정치가. 저자와 마키아벨리의 절친한 친구였으며, 저서로는 『1511-27년 이탈리아 역사』가 있다.

204

욕망은 그것을 충족시킬 때보다 자제할 때 더 큰 기쁨을 안겨준다. 욕망의 충족은 일시적이고 육체적인 것에 불과하다. 그러나 욕망을 가라앉히면 그 만족감은 훨씬 오래 지속되며 이는 정신과 양심의 차원에 속하는 것이다.

205

한가하다고 반드시 변덕스러워지는 것은 아니다. 그렇지만 한가하지 않으면서 변덕스러운 것은 없다.

206

미래의 일이란 사람의 힘으로는 절대 알아낼 수 없다. 그럼에도 사람들은 점성술이 미래의 일을 알아맞히는 학문이라고 믿고 있다. 그러나 점쟁이가 하는 말이나 일반 사람이 아무렇게 지껄이는 말은 그것이 사실로 판명될 확률로 따지자면 똑같다.

207

"앞으로 일어날 일은 그 어떤 것도 미리 결정될 수 없다." 라고 어느 철학자가 말했다. 얼마나 지혜로운 말인가! 앞날에 관해서 알아보고 싶으면 얼마든지 알아보라. 그럴수록 철학자의 말이 절대적으로 옳다는 것을 깨달을 것이다.

208

　종교나 하나님에게 속하는 일을 놓고 논쟁을 벌이는 것은 바보들이나 하는 짓이다.

　예리한 관찰자라면 시대가 바뀜에 따라 언어, 유행, 건축, 문화 등도 변하고 더 중요하게는 사람들의 정신적 취향과 선호 대상마저 바뀐다는 것을 알 수 있을 것이다. 한 시대에서 누구나 좋아하던 음식이 다른 시대로 넘어가면 아무도 좋아하지 않는 경우가 종종 있다. 설령 같은 시대라 해도 나라마다도 서로 다르다. 사회체제가 다르면 행동 양식까지도 전부 달라지는 것이다.

209

　노인들은 대체로 젊은이들보다 더 탐욕스럽다. 여생이 얼마 남지 않았으니 필요한 것도 더 적어져야 할 텐데 현실은 그 반대인 것이다. 자기에게 필요한 것이 줄어든다는 사실을 깨닫지 못하는 노인은 바보임에 틀림없다. 더욱이 많은 노인들이 젊은이들보다 한층 더 잔인하고 음란하다(그들의 행동이 아니라 생각이). 아마도 오래 살면 살수록 사물에 더욱 친숙해져서 더 강한 애착을 갖게 되고 거기에 쉽게 휩쓸리기 때문이 아닐까.

210

　위와 똑같은 이유로 사람은 늙을수록 죽음에 대해 한층 더 무겁게 짓눌린다. 그래서 반대로 이 세상에서 영원히 살기라도 할 것처럼 생각하고 행동한다.

211

행운이 따라주는 것 같을 때 사람들은 더욱 자신감을 갖고 일을 추진하게 된다. 하지만 운은 시시각각 달라진다는 점을 늘 명심해야 한다. 주위를 유심히 돌아보면 사람들이 어떤 일에서는 행운을 누리다가 다른 일에서는 불행에 직면하는 것을 종종 볼 수 있다. 지금까지 나는 수많은 일에서 대단한 행운을 얻었지만, 사업이나 명예에서는 원하는 만큼 이루지 못했다. 얻으려고 애쓰지도 않은 것은 쇄도하고 얻고 싶었던 것은 더 멀리 달아났다.

212

"어떤 사람은 착해서 하나님이 도우셨고 어떤 사람은 사악해서 이런저런 일에서 실패했다."라는 식의 말을 절대하지 마라. 우리는 그와 정반대의 일이 일어나는 것을 자주 보게 된다. 그렇다고 하나님이 정의롭지 않다고 함부로 말을 해서도 안 된다. 하나님의 계획은 사람이 도저히 알수 없는 것이므로 심오하다고 하는 것이 마땅하다.

213

아무리 지혜로운 사람이라도 잘못을 저지른다. 다만 그 잘못이 사소하거나 잘못의 결과가 대수롭지 않은 것은 행운 덕분이다.

214

행운은 정작 그 사람에게 가장 해로운 적이 될 때가 많다. 행운이 그를 사악하고 경솔하고 오만하게 만들기 때문이다. 불행을 견디는 능력보다 행운을 잘 관리하는 능력이 훨씬 중요하며, 이는 사람을 판단할 때도 적용된다.

무슨 일에나 로마인들의 사례와 비교하는 사람들이 있는데 이는 잘못하는 것이다. 그 비교가 정당한 것이 되려면 우선 그들과 똑같은 조건을 갖춘 도시가 있어야 하고 그 도시를 로마인들의 방식대로 다스려야 할 것이다. 전혀 다른 조건을 지닌 도시를 로마와 비교한다는 것은 경마장에 당나귀를 보내놓고 준마처럼 달리기를 바라는 것과 같다. 이것은 마키아벨리를 직접 겨냥해서 한 말인 듯하다.

215

현재의 상황을 토대로 미래에 관한 글을 쓰는 사람들이 있다. 충분한 정보와 자료까지 제시하는 경우 더욱 설득력 있게 들린다. 그러나 그 글들은 사람들을 잘못 인도할 수 있다. 하나의 결론은 다른 결론에서 비롯되는데 근거가 되는 이론이 잘못된 것이라면 거기서 나온 결론은 모두 틀릴 수밖에 없다. 그런데 결론이란 아무리 사소한 부분이라도 조금만 여건이 바뀌면 결론 자체가 바뀌게 된다. 따라서 먼 앞날에 관해서 제대로 판단한다는 것은 불가능한 일이며, 현재의 판단에 충실해 그때그때 해결해야 하는 것이다.

216

앞선 사례들을 기준으로 판단하는 것은 큰 잘못이다. 완벽하게 똑같은 여건이 아니라면 선례란 아무 의미가 없다. 조금만 달라져도 결과는 크게 바뀔 것이다. 이렇듯 사소한 차이를 식별하기 위해서는 뛰어난 통찰력이 요구된다.

어느 시대나 엉뚱한 것을 기적으로 여기는 경우가 많았다. 또한 어느 종교나 수많은 기적을 내세우고 있다. 그러니 기적을 통해 한 종교가 다른 종교보다 더 확실한 진리임을 증명하기엔 근거가 약하다. 기적은 신의 힘을 드러내는 것일지도 모른다. 그러나 이교도의 신들보다 그리스도교의 신이 힘을 더 잘 드러낸다고도 할 수 없다. 예언이든 기적이든 인간의 지식으로는 알아낼 수 없는 것이므로 그저 대자연의 비밀이라고 해두자.

거의 모든 나라와 도시에서 똑같은 결과를 얻기 위해 독실한 믿음을 발휘하는 것을 볼 수 있다. 피렌체 근처 **임프루네타의 성모상**은 비를 내리기도 하고 맑은 날씨를 가져오기도 하는데 다른 여러 도시의 성모상과 상인들의 초상도 이러한 일을 한다. 이는 하느님의 은총이 모든 사람에게 이른다는 뚜렷한 징표일 것이다. 물론 그러한 믿음은 누군가 그것을 실제 보았기 때문에 생긴 것이라기보다는 무엇이든 쉽게 믿는 사람들의 속성에서 비롯되는 것일지도 모른다.

임프루네타(Impruneta)는 피렌체 남부 약 8킬로미터 떨어진 곳의 소도시로, 이곳의 성소에 소나무 숲이 있어서 '산타 마리아 피네타'로 불리다가 '임프루네타'로 바뀌었다. 이곳의 〈산타 마리아 임프루네타 성당〉의 성모 마리아상은 기적을 힘을 가졌다고 알려져 있다.

218

먼저 나쁜 것을 겪어보지 않아서 좋은 것을 마음껏 누릴 수 없는 사람은 참 불행하다.

219

철학자들과 신학자들, 초자연적인 것과 눈에 보이지 않는 것을 탐구하는 모든 사람들은 수많은 어리석은 말들을 쏟아낸다. 사실 사람들은 그것들이 맞는지 틀린지 알 길도 없다. 과거 그들의 탐구는 진리를 찾는 데가 아니라 지능의 발전을 연마하는 데 더 기여를 했으며 이는 지금도 마찬가지이다.

220

단식이나 기도를 비롯해 가톨릭 교회가 명하거나 수도자들이 권하는 다른 경건한 일들에 대해 굳이 비판할 생각은 없다. 그러나 최고의 선은 아무에게도 해를 끼치지 않으면서 자신의 힘이 닿는 한 모든 사람들을 돕는 것이다. 이에 비하면 다른 모든 것들은 하찮다고까지 할 수 있다.

221

어떤 행동에 있어 언제나 결연하고 단호한 태도로 임하더라도 중요한 결정을 내린 뒤에 그 선택이 유감스러워지는 때가 종종 있다. 물론 다시 결정을 할 수 있는 상황이 주어진다고 해서 다른 선택을 하게 될 것이라고 생각하지는 않는다. 양자를 놓고 어떤 일을 선택할 때 번민하는 고통에서 놓여나는 길은, 선택하지 않은 쪽의 어려움을 수시로 마음속에 떠올려보는 것이다.

222

인생은 우연과 질병, 기회와 재앙 등에 의해 무수한 방식으로 좌우된다. 그리고 한 해의 농사가 풍작이 되려면 정말 많은 것들이 조화를 이루어야만 한다. 그래서 노인들과 풍년을 대할 때면 언제나 경이로움을 느낀다.

223

현명한 누군가에게 특정 상황의 결과를 예측해 기록하게 해보라. 시간이 지나 그것을 다시 보면 맞는 예상이 거의 없다는 것을 확인하게 될 것이다. 이는 연초에 점쟁이들이 한 예언을 해가 바뀐 뒤 돌아보면 거의 다 빗나갔음을 깨닫게 되는 것과 같다. 세상만사란 이렇듯 너무 불확실하다.

224

코앞에 위험이 닥치거나 전쟁이 벌어졌을 때 이미 너무 늦었다고 생각해 주저하고 포기하는 경우를 많이 보았다. 그러나 나중에 보면 그때부터 시작해도 늦지 않았고, 그때 포기해서 훨씬 더 큰 피해를 보게 되었다는 것을 깨닫게 된다. 이는 위기나 전쟁의 진행 속도가 그리 빠르지 않기 때문이며 수많은 장애에 부딪치면서 예상보다 시간이 많이 걸리기 때문이다. 우리도 한 달 안에 끝내야만 하는 일을 서너 달이 지나서도 끝내지 못하는 경우가 얼마나 많은가. 그러니 너무 늦었다고 생각하는 때가 사실 적절한 때일 수 있음을 늘 명심하라.

225

특정 행동을 했을 때 혹은 하지 않았을 때 어떤 상황이 벌어질지 미리 알 수만 있다면, 지금 사람들의 비난이나 칭송을 받고 있는 수 많은 일들은 대부분 전혀 다른 평가를 받게 될 것이다.

226

모든 것을 우연에 기대는 삶은 결국 우연의 희생자가 되고 말 것이라는 점을 명심하라. 아주 사소한 부분까지 모든 세부적인 것을 숙고하고 검토하고 주의 깊게 고려하는 것이 옳다. 그렇게 해도 일을 제대로 하는 데에는 굉장한 수고가 따르게 마련이다. 그러니 대충 우연에 맡기는 사람의 일이 어떻게 전개될지 상상해보라.

227

"네 앞에 있는 것들을 보지 말고 네 뒤에 있는 것을 보라." 자신의 현재 모습에 만족하지 못하는 사람들을 위한 속담이다. 다시 말해 자신의 처지보다 못한 사람이 얼마나 많은가를 생각하라는 것이다. 참 지당한 이야기이다. 그러나 이 말을 받아들이기란 얼마나 어려운가. 억지로 고개를 돌리려고 애쓰지 않는 한 우리는 자연히 앞만 보게끔 되어 있기 때문이다.

228

지나친 종교는 세상을 망친다는 말이 있다. 정신을 유약하게 만들고 사람들로 하여금 무수한 잘못을 저지르게 하며 남에게 베푸는 일들을 오히려 막는다는 면에서 이 말은 참 옳다. 참된 신앙은 지나친 것과 적절한 것을 구별하고 반드시 고려해야 하는 것과 무시해도 좋은 것을 잘 분별할 수 있게끔 사람들의 정신을 자극시킴으로 그들의 신앙을 더욱 강건하게 만든다.

일반적으로 영혼이라고 부르는 것들, 즉 사람들과 친근하게 대화도 하는 그런 영혼의 존재들이 있다. 나 자신이 비슷한 체험을 했기 때문에 그들의 존재를 확신하는 편이다. 하지만 영혼에 관해 잘 안다고 큰소리치는 사람이나 그것에 관해 한번도 생각해본 적이 없는 사람들은 그 본질을 모른다는 점에 있어서 별로 다를 바 없다. 미래를 예언하는 것은 자연의 잠재 능력 또는 만물을 움직이는 고차원적 존재의 능력에 속하는 일이다. 인간의 정신은 그 능력에 다다를 수 없다.

229

경험은 많은 것을 가르쳐준다. 그러나 같은 경험을 놓고도 속좁은 사람보다 도량이 넓은 사람이 훨씬 많은 것을 배운다는 사실 역시 젊은이들은 명심해야 할 것이다.

언젠가 죽을 것을 알면서도 마치 영원히 살 것처럼 하루하루를 보내는 우리 인간은 얼마나 놀라운 존재들인가. 이는 눈에 보이지 않는 먼 앞날의 일보다 눈 앞에 펼쳐진 것들, 감각으로 확인할 수 있는 것들에 더 쉽게 좌우되기 때문이라고들 하지만 내 생각은 좀 다르다. 우리는 이미 경험을 통해 죽음이 가까이 있으며 일상에서 매 순간 엄습하고 있다는 것을 잘 알고 있다. 그러나 대자연은 세상이라는 기계의 궤도나 질서를 따라 인간이 살아가기를 원한다. 우리가 날마다 죽음을 생각하다가 세상이 온통 게으름과 무기력으로 가득 차지 않도록 대자연이 우리에게 죽음에 대해 생각하지 않을 수 있는 능력을 준 것이다.

이 책을 읽은 독자들에게

―――――

"적게 그리고 좋게"라는 속담이 있다. 장광설에는 원래 말도
안 되는 소리가 어느 정도 끼어들게 마련이며,
제대로 이해해서 간결하게 표현하는 경우도 거의 없다.
그러나 이 책에 실린 많은 이야기들 중에
가장 핵심적인 것들을 골라 새기는 편이 나을 것이다.

이 교훈들을 무조건 따르지는 말라고 맨 앞에 했던 말도
다시 한 번 명심하라.
같은 이야기라도 여건이 달라지면
전혀 쓸모없는 것이 될 수 있다.

모든 경우에 통용되는 원칙이란 없으며
그런 것을 가르쳐주는 책도 없다.
해결책이라는 일차적으로 자신의 본성에 비추어서,
그다음에는 경험에 따라서 얻어야 한다.

피렌체의 〈우피치 미술관(Galleria degli Uffizi)〉에 있는 귀차르디니 동상

****

- 1483년 3월 6일 로렌초 데 메디치가 지배하던 피렌체의 명문가에서 피에로 귀차르디니의 둘째 아들로 태어남.

귀차르디니 가문의 문장(紋章)

- 피렌체, 파도바, 페라라 등지의 대학에서 법률을 공부한 뒤 변호사로 일함.

- 1494년 메디치 정권 실각.

- 1508년 정계의 거물 알라만노 살비아티(Alamanno Salviati)의 딸 마리아와 결혼. 살비아티는 마키아벨리가 자신의 저서 『10년사』를 헌정한 인물이었다.

- 1509년 미완에 그친 『1378~1509년까지의 피렌체사』와 최고의 처세론집인 『리코르디(Ricordi)』를 집필하기 시작.

- 1511년 10월 28세의 나이에 에스파냐 주재 피렌체 공화국 대사로 파견됨. 2년 동안 대사로 근무하면서 종신 최고행정관 피에로 소데리니(Piero Soderini)의 오른팔이었던 마키아벨리와 공문서를 주고받음.

- 1512년 소데리니 실각. 망명 생활을 해오던 메디치 가문이 피렌체로 복귀하여 재집권에 성공.

- 1514년 피렌체로 돌아온 후 메디치가와의 인연으로 주요 직책들을 맡았는데, '8인위원회(otto di balia)'의 위원이 되었고, 1515년에는 '시뇨리아'(signoria; 최고행정관)의 한 사람이 되었으며, 견직물업에 손을 대 상당한 부를 축적함.

- 1516년 메디치가 출신 교황 레오 10세(율리오 2세 뒤를 이어 1513년 교황이 된 메디치가의 조반니)에 의해 교황령인 모데나의 총독으로 임명됨.

- 1517년 레지오의 총독까지 겸함.
- 1520년 자칭 신성로마제국의 황제임을 선포했던 에스파냐의 왕 카를로스 5세와 루이 12세의 뒤를 이은 프랑스의 프랑수아 1세의 무력 충돌이 이탈리아에서 일어남. 레지오는 교황령의 전초기지가 됨. 프랑수아 1세는 레오나르도 다 빈치의 말년을 거두어준 인물이기도 하다.
- 1521년 5월, 모데나를 방문한 마키아벨리와 역사적 만남을 가짐. 이후 수많은 편지를 주고받으며 교분을 쌓음.
- 1521년 7월 교황군의 전권대리로 임명됨. 틈틈이 자신의 직무와 관련된 당시의 정치문제에 대해 논의 형태의 많은 비망록과 논문을 남김. 1521-25년에 쓴 「피렌체 정부론(Dialogo del reggimento di Firenze)」은 그 가운데 하나.
- 1521년 12월 교황군의 전권대리로서 용기와 결단력을 발휘해 파르마가 프랑스에게 함락당하는 것을 막아냄. 그러나 같은 달 교황 레오 10세가 죽고 아드리아누스 6세가 즉위하는 바람에 모데나와 레지오의 총독직 박탈당함.
- 1522년 말 총독직에 다시 복직.
- 1523년 아드리아누스 6세가 갑작스레 서거하자 자신이 총독으로 있던 두 도시를 원래 지배했던 페라라 공작의

공격으로부터 막아내기 위해 분투했으나 끝내 레지오를
빼앗김.

- 1525년 메디치가 출신인 클레멘스 7세가 교황에 오르자
공적을 인정받아 북쪽 로마나 지방의 총독으로 임명됨.
줄리오 데 메디치인 클레멘스 7세는 줄리아노 데 메디치
의 서자로 로렌초 대공에 의해 길러졌으며, 사촌인 교황
레오 10세의 도움을 크게 받은 인물이었다. 그의 재위
동안 유럽 전역은 레오 10세로부터 파문당해 개신교도
가 된 마르틴 루터의 종교혁명으로 혼란에 빠져 있었으
며, 이탈리아도 강대국들의 전쟁터로 변해버림.
- 1525년 3월 24일 에스파냐와 프랑스의 전면적인 '파비
아 전투' 발발. 이후 카를로스 5세의 군대가 남하하려는
위험한 상황에서 교황에게 많은 조언을 해줌.
- 1526년 1월 클레멘스 7세의 부름을 받고 로마로 건너
감. 카를로스 5세에 대항해 프랑스와의 동맹을 주장하는
등 '교황자문회의'에서 뛰어난 역할을 담당.
- 1526년 5월 15일 그의 노력에 힘입어 이탈리아 반도내
에서 스페인의 카를로스 5세 세력을 몰아내기 위해 프랑
스, 교황령, 베네치아, 피렌체, 밀라노가 힘을 합친 '꼬냑
동맹(the League of Cogna)'을 체결.
- 1526년 6월 교황군의 지휘관으로 동맹군에 참여함. 이

때 마키아벨리는 교황이 피렌체의 방어를 위해 설립한 '5인위원회'의 위원장에 임명됨.

- 1527년 5월. 카를로스 5세가 '꼬냑 동맹'의 체결을 응징하고자 소위 '로마의 약탈'이라 불리는 침공을 감행. 귀차르디니는 교황군(소위 '꼬냑 동맹군') 부사령관으로 나섰으나 패배함. 결국 교황은 감금되고 동맹군은 해산되었으며, 귀차르디니와 마키아벨리 두 사람은 로마를 떠나 피렌체로 돌아감.

- 1527년 4월 26일 메디치를 반대해 반란이 일어남. 도시 방어를 위해 그곳에 도착한 귀차르디니는 반란자 구명을 조건으로 항복을 받아냄. 며칠 뒤 메디치가는 축출되고 공화정이 들어섬.

- 1527년 6월 21일 마키아벨리 사망.

- 1528년 두 번째 『Ricordi』 모음집 완성. 모두 181개 항목으로 이전보다 잘 정리되었으나 내용이 추가되지는 않음.

- 1529년 피렌체에서 강경 공화파의 승리로 교황과 타협하려 했던 니콜로 카포니 장관이 물러났으며(1529년 4월), 뒤이어 카를로스 5세의 군대가 진입.

- 1529년 9월 신변에 위협을 느껴 교황청으로 감.

- 1530년 3월 반역자라는 선고가 내려짐.

- 1530년 5월 221개 항목으로 된 『Ricordi』의 마지막 모음집 완성.
- 1530년 공화정부 무너진 뒤 교황 대표 자격으로 돌아와 공화당원 추방에 앞장섬.
- 1531년 클레멘스 7세의 도움으로 볼로냐의 총독이 됨.
- 1534년 바오로 3세가 교황에 즉위하자 총독 자리에서 물러나 피렌체로 돌아감.

『이탈리아사』(1538년판)

- 이후 피렌체 부근 별장에 칩거하며 자신의 최고걸작 『이탈리아사(Storia d'Italia)』를 완성(1537-40).
- 1540년 5월 21일. 57세를 일기로 파란만장한 삶을 마감함.